成功する40代・50代の転職術

60日以内に採用が決まる実践プログラム

佐々木一美【著】

日本実業出版社

最も強い者が生き残るのではなく、
最も賢い者が生き延びるのでもない。
唯一生き残るのは、変化できる者である。

チャールズ・ダーウィン

はじめに

「40歳を過ぎると転職ができなくなる」

そんな類いの話を聞いたことがあるでしょう。

しかし、それは「嘘」です。私は声を大きくして「40代・50代こそが、転職のための好機である」と言い切れます。


私は1990年代から転職指導の仕事をしてきました。2001年に独立し、独自の転職コンサルティングサービスを始めてから、延べ4000人以上の転職希望者・求職者の支援を行なってきました。また、直接指導した人は1500人以上にのぼり、転職成功率は実に90％超を誇ります。

実際に転職の相談に訪れる人は、ある程度の年数を勤めた中高年が多く、40歳以上が全体の約7割を占めています。そのような比較的年齢の高い人でも、転職成功率に大きな違いはありません。

ここでいう「成功」とは、単に新しい企業に採用が決まることではありません。本人が希望する職種や年収で、転職が実現することを指します。

転職活動の期間も、一般的なケースより短くなっています。実際に転職に成功した人はすべて、活動開始から2か月（60日）以内に、希望の職に就くことができました。

もちろん、中高年の有効求人倍率は0・7倍程度(※)にすぎませんから、転職がむずかしいのは事実です。しかし、その中でも希望どおりの転職をかなえている人がいるのもまた事実なのです。


本書は、**中高年でも90％以上の人が成功する「転職支援プログラム」のエッセンスを公開するものです。**


この本の対象者は、豊かな職務経験を積みながら、仕事や収入、役職、人間関係などに満足できず、転職を実行しようとしている40代・50代の人たちです。

40代・50代の人たちが現状に不満を抱えるのは、自分の能力が現在（または過去）の会社の枠に収まり切れないほど成長しているからでしょう。「このままでは自分が描く将来像に近づけない」という思いが、「変化」を必要としているのです。

「中高年の転職がむずかしい」というのは、彼らのそうした思いを受け止める転職支援サービスが、世の中にほとんどないことに原因があると思います。

人材紹介会社や転職エージェントの多くは、企業の求人活動を手助けすることに重きが置かれています。まず企業の求人ありきで、その条件に当てはまる転職希望者・求職者を選ぶことがメインになります。

そのため、「応募先がない」「条件が合わない」「人材紹介会社はアテにならない」といった事態が起きています。

しかし、視点を変えて、自分主導の転職活動を開始すると、これまでとはまったく異なる景色が見えてきます。

私の運営するサイト、『中高年の転職』(http://www.tyukounen.com)には、転職活動に行き詰まり、先行きに不安を募らせた人がたくさん訪れます。長い間失業状態が続き、心身ともに疲れ果てている人も少なくありません。

そういった人が、私の指導の下に転職支援プログラムを始めると、顔つきが変わります。あんなに苦しかった転職活動なのに、「いまは楽しくて仕方がない」と言って、目を輝かせるのです。そして皆さん、やがて希望どおりの転職をかなえていきます。

私は、この本を手に取ったあなたにも、ぜひそうなっていただきたいと思います。

むずかしいといわれる中高年の転職のノウハウはすでに確立しており、すぐに実践できるプログラムは本書に示すとおりです。
さあ、この本の内容を実践し、先の見えない転職活動から脱して、短期間で希望どおりの転職を実現してください。

２０１３年４月

佐々木一美

※厚生労働省が公表している「職業別一般職業紹介状況（除くパート）」の中の「管理的職業」の数値。

第1章 なぜ40代・50代の転職はうまくいかないのか？

第2章

40代・50代は求人情報をこうして入手する

第3章 40代・50代のための「条件破壊応募」術

第4章 40代・50代のための「応募書類」作成術

第5章 40代・50代のための「自己PR文」作成術

第6章 40代・50代のための面接突破術

第7章 40代・50代が内定後にやるべきこと

第8章 40代・50代から始める転職計画

本文DTP/一企画　執筆協力/土肥正弘(ドキュメント工房)

第1章

なぜ40代・50代の転職はうまくいかないのか？

40代・50代が転職活動で陥りやすい失敗パターン

「はじめに」で述べたように、本書で紹介する転職支援プログラムは、中高年でも90%超の成功率が実証されているものです。具体的な内容に入る前に、40代・50代の転職活動が行き詰まってしまう典型的なパターンがどのようなものか、見ていきましょう。

◉Aさん（48歳男性）のケース

Aさんは、ある企業の営業部門で課長として働いてきました。ある事情で会社を辞め、新しい勤め先を探して転職活動を始めました。

「自分の実績や能力なら新しい就職先がすぐに見つかるはずだ」と思っていましたが、実際に探してみると、希望するような求人がなかなか見つかりません。希望はマーケティング部門の管理職なのですが、**そもそも管理職の求人がないのです。**

インターネットの求人サイトを探し、新聞や求人誌を舐《な》めるように読み、意を決してハローワークに行ってみても、希望職種・職階の求人は皆無でした。

そこでAさんは、**ひとまず管理職の条件をあきらめます。**すると、希望職種の求人はある程度見つかりました。しかし、良い求人には「若い人中心の会社です」「マネジャーを目指せます」といったひと言が記され、言外に年齢制限があることを匂わせていました。

Aさんは、その求人への応募をためらってしまいます。**「もっと自分に適した求人を」と探しているうちに1週間が過ぎ、「これは!」と思った求人は消えてしまいました。**

それでも1〜2社の求人に応募できましたが、なかなか面接に呼ばれません。**書類選考を通過しないのです。**

しばらくそんなことを繰り返し、ようやく1社から面接に来てほしい旨の知らせが届きました。

喜び勇んで面接に臨みましたが、その場で「収入が前職の3分の2くらいになりますがよいですか?」と尋ねられ、思わず「少し考えたいのですが……」と言ったところ、後日、不採用の通知をもらうことになりました。

次に面接までたどり着いたときには、Aさんは年収を下げてもよいと思い始めていました。**面接で提示された条件を受け入れると、次の面接に進むことができました。**

面接を重ね、やがて待ちに待った内定の通知を手にしたAさんでしたが、その通知を手に考え込みます。

「果たしてこの年収でやっていけるのか？　家族とこれまでどおりの暮らしができるのか？」

返事をいつまでも先延ばしにできず、結局、Aさんは内定を辞退しました。

そうこうしているうちに、あっという間に3か月が過ぎ、だんだん転職活動のモチベーションが落ちて、求人情報の収集にも身が入らなくなってきます。何もしないで悶々《もんもん》と考えて、「自分は世の中に求められていないのではないか……」と不安を募らせるようになってしまいます。

やがて貯金が底をつき、生活維持のために決して本意ではないアルバイトをせざるを得ないことに……。

⦿Bさん（45歳女性）のケース

Bさんは短大卒業後、ある企業の営業補助として一般事務の仕事に就いていましたが、勤めて5年を過ぎる頃から、その会社にとどまることに疑問を感じるようになりました。

そこで収入の良い派遣での仕事を目指し、退職して人材派遣会社に登録、派遣社員として派遣先企業で仕事をするようになりました。

当初こそ満足のいく収入が得られていましたが、やがて派遣期間が終わってから次の派遣先が決まるまで、長い間がだんだん空くようになりました。間が空くと、年収は減少してしまいます。

しかも、近年は不景気のため、派遣先企業から契約打ち切りを宣告される「派遣切り」が目立つようになり、派遣元の人材派遣会社で雇用契約を更新しない「雇い止め」も現実に目にするようになって、不安を覚えていました。

Bさんは派遣社員として働くことに限界を感じ、正社員を目指すべく転職を決心しました。

ところが、求人を探してみると、**一般事務職での求人はそもそもあまりなく、あっても若年層に対する募集であることがほとんど**だということに気づきました。

比較的求人の年齢層に幅がありそうだったのが、介護業界の経理職でした。簿記2級を持っていたBさんは、ごくわずかなこの種の求人に応募し続けました。

しかし、なかなか面接までたどり着けません。**若いライバルが多いのかもしれません。**

何度かの応募を繰り返すうち、やっと面接の案内が届きました。

期待を膨らませて出かけたものの、面接の席で「経理職で正社員として働いた経験がありますか?」と尋ねられ、「いいえ」と答えざるを得ませんでした。資格は持っていても実務経験がないと、評価は厳しくなります。そして数日後、不採用の通知が届いてしまいました。

このような失敗を何度も経験し、Bさんはようやく内定を出してくれる企業に出合いました。しかし、大きな問題がありました。**採用条件としての年収が新卒時とほとんど変わらない金額だったのです。**

「その年収で現在の生活を維持していけるのか？　また、老後に向けての蓄えが可能なのか？」

Bさんは、せっかくの内定でしたが辞退せざるを得ませんでした。

こんな転職活動を続けているうち、貯金がだんだん少なくなって、焦りが日増しに強くなってきました。その一方、**徒労に終わるケースばかりの活動にも嫌気がさし、どうしていいのかわからなくなってきました。**

転職活動がうまくいかないときに

40代・50代が考えるべきこと

AさんとBさんの事例のように、40代・50代が転職活動において悩むポイントは次の5つに集約されます。

▶転職活動がうまくいかない原因・理由

問題	主な理由	解決策
応募先がない	応募先が見つからない	第２章
	条件に合う応募先がない	第３章
書類が通らない	単純な条件比較でふるい落とされる	第４章 第５章
内定が取れない	条件が合わない、うまく自分をアピールできない	第６章
転職に踏み切れない	年収が下がる	第７章
やる気が続かない	落ちてばかりいる	第８章

【５つの問題点】

①そもそも応募できる求人がない
②応募書類が面接に結びつかない
③面接に呼ばれても、内定が取れない
④内定が出ても、転職に踏み切れない
⑤やる気が続かず、転職活動が滞《とどこお》る

本書では、これらの問題ごとに最適な解決法を紹介します。

ただし、それぞれの解決策は互いに強く関連していますから、対症療法のように一部だけ実践しても、うまく内定というゴールにたどり着けないかもしれません。

そこで全体に一通り目を通し、それぞれの解決策で何をやるべきかを理解したうえで、あなた自身の転職活動を見直し、不足している行動は補い、効果が十分でない行動は方法そのものを変えていくことが必要です。

5つの問題点に応じた章の内容を参考にして、転職活動に取り組んでください。以下に基本的な考え方について述べておきたいと思います。

問題1 そもそも応募できる求人がない

「応募先がない」という悩みには2つの要素がからんでいます。

それは、「実は十分に求人情報を探せていない」ことと、「企業が必要としている人材は求人情報として一般に現われる部分ばかりではない」ことです。

◉求人情報収集の二本柱

まず、確認したいのは、本当はある求人情報を見つけられていない可能性です。ほとんどの人が、注目しなければならない求人の情報源を見落としています。

求人を丹念に探しているつもりでも、実際は求人サイトと新聞のみというように、1つか2つの情報源を頼りにして、広く情報を収集していないことが多いのです。

また、多くの情報源を知っていても調べるタイミングがまちまちでは、やはり大切な情報を見逃す可能性があります。

求人情報はいわば〝生モノ〟です。長くて1週間で消えてなくなると考えなければなりません。いつ、どの情報源から求人を探し、どれだけ応募するのかというスケジュールとノルマを立てて実行しなければ、漏れが生じるのは当然です。

そのため、**「情報収集の多チャンネル化」**と**「緻密な収集作業」**の二本柱のアプローチが必要です。

情報収集の方法とスケジュール例は第2章で解説します。

◉「条件破壊応募」とは何か？

私の転職支援の経験からいえることですが、表に現われている求人情報だけが企業の人材ニーズではないという事実に目を向ける必要があります。

これは、転職エージェントや人材紹介会社がいうところの「非公開求人」のことではありません。**求人情報の裏に、その企業の本当の人材ニーズが隠れているということです。**

たとえば、業務部門や経営陣の本音としては、管理的な立場で働いてくれる経験豊富なベテランを必要としているのに、いざ求人の段階になると人事予算の都合上、コストが低い若年層に向けた募集になってしまうことがあるのです。

そこに、安心して仕事を任せられる人材がいきなり横から現われたらどうでしょう？　人事部門は、業務部門や経営陣の本音をわかっているので、どうしたらいいか判断に迷います。そしてその人材の情報を、業務部門の長や経営者などに伝えるでしょう。

この業務部門の長や経営者などが、採用の最終決定権を持っている場合が多いのです。結果的にコストよりもメリットが大きいと判断されれば、当初の求人条件を上回る給与・待遇で採用される可能性も高くなります。

こうしたチャンスをつかむには、求人条件をそのまま鵜呑みにしてはダメなのです。**条件をほとんど無視して応募し、企業に自分を採用した場合のメリットを堂々とPRすること**が肝心です。

私はこれを**「条件破壊応募」**と呼んでいます。この方法と効果は第3章で解説します。**条件破壊応募を前提にすると、応募先がグンと増える**のも利点です。たとえば、「700万円の年収が欲しいのに、求人条件は600万円まで」という場合でも、応募をあきらめる必要がなくなります。

もちろん、「求人情報が若い人向けだから……」と応募を躊躇《ちゅうちょ》する必要もありません。希望の職種さえ一致していれば、基本的にすべての企業に応募できます。

問題2 応募書類が面接に結びつかない

次に、応募書類が面接に結びつかない悩みについて考えてみましょう。

書類選考は一般的に「データ戦」の様相を呈します。**良い条件の求人であればあるほど、応募者も当然多くなります。**

経験を積んだ実力のある人は、「年齢条件から外れても、私の経歴を見れば必要な人材だとわかってくれるはず」と思うかもしれませんが、実際はそうはいかないのです。

たくさんの応募書類を最初にさばくのは、比較的入社年数の浅い人事部の社員であることが多いようです。その人に、書類の中身を精査し、評価する経験もスキルもない可能性が高いでしょう。

まず、応募書類の年齢などを見て、それが内々で決めている条件に合っているかどうか、データだけで判断します。そして、条件から外れる書類は、即座に「NGボックス」に入れられてしまいます。

人間が行なえばまだしも、昨今では「WEB応募」のみ受け付ける企業も増えていますから、採用業務を行なうＩＴシステムが自動で判断して、誰の目にも止まらないということがあります。

運良く年齢条件に合う求人でも、その他の条件は、必ずしもライバルに勝てるといえるでしょうか？

会社を何度も変わっていたり、短期間で退職したりしている場合、その人の評価はどうしても厳しくなります。特に複雑な職歴を持つ人は、他の応募者とデータで戦うのは得策とはいえません。

そこで、「**応募書類**」にも工夫が要ります。履歴書、職務経歴書などは、書類選考にパスしやすい書き方があります。

また、書類選考の段階で大きな力を発揮する「**自己ＰＲ文**」があります。これこそが、「条件破壊応募」で面接までたどり着けるかどうかのカギを握るといっても過言ではありません。

応募書類のつくり方は**第４章**、自己ＰＲ文の書き方は**第５章**で解説します。

問題3 面接に呼ばれても、内定が取れない

次は、面接にたどり着いても先に進めない、内定が取れないという悩みについてです。

面接の際の準備や想定問答、態度やマナー、服装などを紹介した書籍は多数あります。こうした面接での注意点は、求人サイトにも詳しく載っています。

本書では、「条件破壊応募」を前提にした面接対策について解説します。実は条件破壊応募を行なうと、面接そのものが大きく変わります。

一次面接、二次面接と回数を重ねるごとに、採用の決定権を持つ人が現われ、面接を担当するのが普通でしょう。ところが、条件破壊応募からの面接では、最初から最終決定権者、たとえば人事部長や業務部門の長、経営者などが担当することが珍しくありません。そして1回の面接で、その場で内定が出ることも多いのです。

信じられないかもしれませんが、**第5章**まで読めば納得できると思います。

想定問答の用意など、一般的な面接対策ももちろん大切ですが、内定を取るためには面接の場で**「2つの質問をする」「先方が出してくる条件はすべて丸呑みする」**といった特

別なノウハウが不可欠です。具体的な方法は第6章で解説します。

問題4 内定が出ても、転職に踏み切れない

内定が出ても決断できないのは、先方から提示された就労条件に不満があるからでしょう。特に年収が希望に満たない場合は困ります。

だからといって、その内定先をあきらめるのは、あまりにもったいない話です。

では、どうすればいいかというと、「条件交渉」をして、先方が就労条件を変えてくれるように努力することです。

私の転職支援では、条件破壊応募から面接までの間、先方からどんな条件が提示されても基本的には丸呑みし、自分自身の条件を述べることは控えるよう求めています。条件交渉は、内定後に行なえばよいからです。

採用側は、内定を出す前は「いつでも落とせる」構えですが、内定を出した後は「入社してもらわないと困る」構えに変わっています。

つまり、内定を取ってしまえば、そのときから立場は逆転しているのです。その立場を

利用して、交渉を有利に進めることができます。

ただし、内定が出たからといって、すぐに条件交渉を始めるのは禁物です。少しだけ時間をとって、自分も相手も冷静に交渉に臨めるようにしなければなりません。その要領は第7章で解説します。

問題5 やる気が続かず、転職活動が滞る

以上の方法を採ったからといって、一発で面接に呼ばれるとは限りません。また、内定が出始めるまでに時間もかかります。

やがて面接の予定は入ってきますし、内定も取れるようになりますが、それまでに転職活動のエネルギーが途中で切れてしまうと、結果が出ないまま、ずるずると泥沼化していきます。**絶えず自分を励まし、モチベーションを高く持ち続けることが不可欠です。**

一般的に、転職活動にはおよそ3か月が必要です。しかし、私の転職支援では、活動開始から60日以内の内定を目指しています。標準的なスケジュールは次ページ図のとおりです。

▶条件破壊応募による転職活動の期間短縮

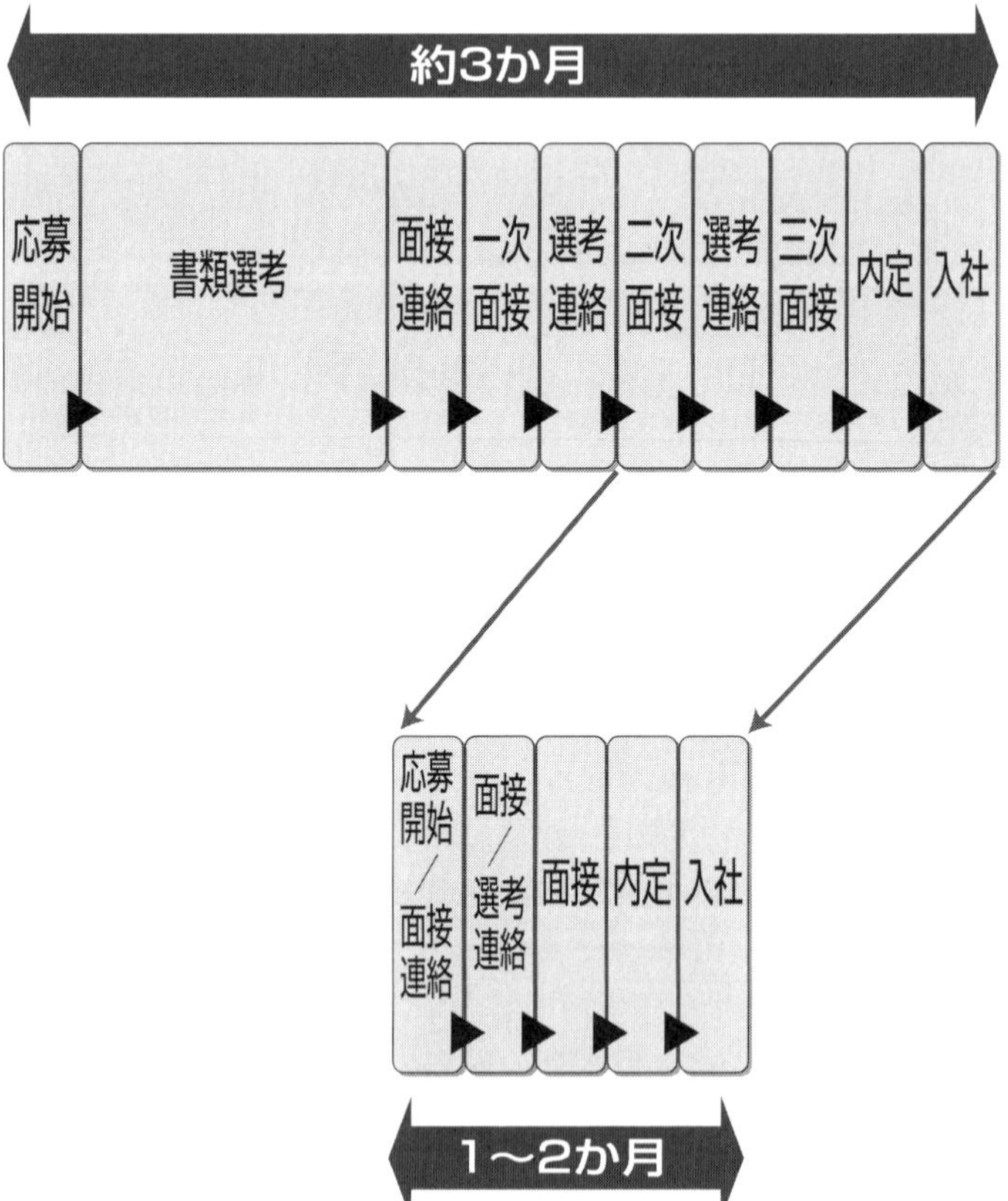

なぜ3か月かかるものが2か月になるかというと、**条件破壊応募によって「競争相手がいない状態」をつくり出せるからです。**

応募開始から、すぐに二次または最終面接にたどり着けるところがポイントです。

この計画は〝絵に描いたモチ〟ではなく、私の経験則に基づくものなのです。

60日以内に転職に成功する理由は、第一にノウハウの実践にあるわけですが、そのモチベーションを保つための環境整備やスケジュール管理も、期間短縮に貢献しています。

その他、活動資金など、具体的な対策は**第8章**で解説します。

途中であきらめないことが何よりも大切

転職成功までのスケジュールの実行は、もちろん簡単ではありません。おそらくこれまでのお勤めと同じか、それ以上に忙しい毎日になります。

何よりも大切なのは、**途中であきらめないことです。**活動のペースを維持することが、成功の最大のポイントなのです。

転職活動中は、「自分は世の中から必要とされていないのではないか……」と感じるときが必ずあると思ってください。これは経験した人でないとわからない、言葉に尽くせない苦痛です。

しかし悩み苦しむのも、内定が出るまでの期間にすぎません。多忙なスケジュールをこなすための毎日は、それ自体に苦痛を和らげる働きがあります。

家族や友人の助けを借り、転職に成功した自分の姿をイメージして、「絶対に転職するんだ」という強い意志を持ち続けながら、ゴールに向かって疾走しましょう。

第2章

40代・50代は求人情報をこうして入手する

「求人がない」のは、探し方を知らないから!?

この章では、転職活動のスタートとなる、「求人情報の収集法」について説明します。

40代・50代の転職希望者・求職者の多くが「応募できる求人がない」と感じていますが、求人情報を探すチャンネルを増やし、緻密《ちみつ》に情報収集しさえすれば、求人は必ず見つかります。

では、具体的にはどのようなことをすればいいのでしょうか。

①情報源の多チャンネル化

求人情報を収集できるメディアや機関などが「情報源」であり、その種類が「チャンネル」です。

実は求人情報そのものは豊富にあり、毎日大量の情報が更新・追加・削除されています。重要なのは、**さまざまなチャンネルから求人情報をまんべんなく探すことです。**

というのは、チャンネルによって求人情報に偏《かたよ》りがあるからです。情報の偏りはチャンネルの特徴（後述）でもあるので、それ自体は悪いことではありません。各チャンネルの特徴を把握したうえで、それらを組み合わせることにより、情報の偏りを補正する必要があるのです。

求人の情報源を「ハローワークと新聞」というように、絞り込んでしまう人が多いようですが、それでは自分に合う求人は毎週1～2件程度になりかねません。

40代・50代で転職を真剣に考えるなら、毎週20社以上に応募することをおすすめします。それだけの応募先を見つけるには、チャンネルを増やさざるを得ないともいえます。

②緻密な収集作業

緻密な情報収集は、**各チャンネルから得られる大量の情報を漏れなくキャッチするという意気込みがなければ続きません。**

「キャッチする」といっても、実際には向こうから情報が飛び込んでくることはほとんどありませんから、自分でできる限りの時間を使って探し出す必要があります。そのためには、スケジュールをしっかり立てて、自分に合う求人をくまなくチェックするようにしなければなりません。

たとえば、新聞の求人欄を探しているといっても、各紙・毎号を徹底してチェックしている人はほとんどいないようです。40代・50代にとって、普段の行動範囲内では、求人は見つからないといわざるを得ません。

求人情報は〝生モノ〟だと思ってください。今週は良い求人が載っていなくても、来週は載っているかもしれません。

そして人より早く見つけ、締切前に応募しないと意味がありません。**現われては消える求人情報のサイクルは長くて1週間と考えなければなりません。**見つけた時点で応募期間が過ぎている場合もあれば、応募が殺到して締切日前に打ち切られている場合もあるのです。

「たまたま開いた求人誌に良い求人があった」という話を聞きますが、そんな偶然を期待してはダメです。転職成功者はみんな、応募先を見つけるべくして見つけています。

なお、求人情報は新鮮でなければ意味がないというわけではありません。1か月前の求人に応募して通ったという事例もあります。

基本的には新しい求人情報を求めることになりますが、求人誌などは1～2か月前のものも保管しておき、どうしても応募先が見つからない場合に活用しましょう。

具体的な求人の情報源・チャンネルは33～34ページ表のとおりです。それぞれの特徴や収集方法を詳しく見ていきましょう。

▶求人の情報源・チャンネル（その1）

情報源	チャンネル	具体例
新聞	全国紙	朝日新聞
		読売新聞
		毎日新聞
		日経新聞
		産経新聞
	英字紙	The Japan Times
	地方紙（ブロック紙）	北海道新聞
		中日新聞
		西日本新聞
	地方紙（県紙）	東奥日報、河北新報、山形新聞、下野新聞、東京新聞、千葉日報、信濃毎日新聞、北國新聞、神戸新聞、山陽新聞、山陰中央新報、四国新聞、大分合同新聞、南日本新聞、琉球新報など
折り込みチラシ	全国版	求人ジャーナル
	地方版	しごと情報アイデム（関東、静岡、関西、福岡）
		ユメックス（関東、関西）
		クリエイト（関東）
求人誌	有料求人誌	an Weekly（首都圏、関西、東海、福岡、北海道）
		各地元誌
	無料求人誌	TOWN WORK／TOWN WORK社員
		anエリア
		Job aidem
		求人ジャーナル

▶求人の情報源・チャンネル（その2）

情報源	チャンネル	具体例
求人サイト	政府系サイト	しごと情報ネット
		ハローワークインターネットサービス
	ポータルサイト	@nifty＞求人＞転職
		MSN Japan＞求人・アルバイト＞転職
		Yahoo! JAPAN＞求人、アルバイト＞転職
	媒体型サイト	マイナビ
		リクナビNEXT
		DODA
	サーチ型サイト	ジョブエンジン
		ジョブダイレクト
		仁王 nioh.jp
		ジョブセンスリンク
		Indeed
	人材紹介会社集合型サイト	[en] 転職コンサルタント
		イーキャリアFA
		人材バンクネット
	SNS	mixi、Facebook、Twitter、LinkedIn
公的機関	ハローワーク	都道府県庁所在地のほか、全国の主要都市にある
	しごとセンター	就業支援センター、就職サポートセンターなどが各地にある
	人材銀行	東京、埼玉、名古屋、京都、大阪、福岡の6か所
人材紹介会社	職種・地域などの条件で、人材紹介会社を検索できるサイト（一般社団法人日本人材紹介事業協会）がある	
支援者	過去の勤務先、身内、友人・知人、地元……	

チャンネル1 「新聞」からの情報収集術

新聞は求人の情報源としては老舗です。求人欄に「求人広告」の形で掲載されます。全国紙には全国を対象とした求人のほか、紙面中の地方版に地域ごとの求人が掲載されます。また、ブロック紙・地方紙には地域ごとの求人が掲載されます。

なお、英語を使う仕事の求人なら、『The Japan Times』も見逃せません。

【特徴・注意点】

求人広告であるということは、企業が新聞社に広告料金を支払い、広告原稿をその企業の採用担当者が作成している、表向きの求人情報であることを意味します。効率よく応募者を絞ることを目的としている側面があることも意識しなければなりません。

また、求人広告の掲載にあたって企業の負担する金額が他のチャンネルより高いため、大手企業や利益率の高い企業の求人が主体となっています。

より待遇のいい求人情報が得られるのは大きな魅力ですが、注目度が高く、応募者が殺到するので、競争倍率が激しいのが問題です。

▶朝日・読売・日経新聞の求人広告の件数と募集職種

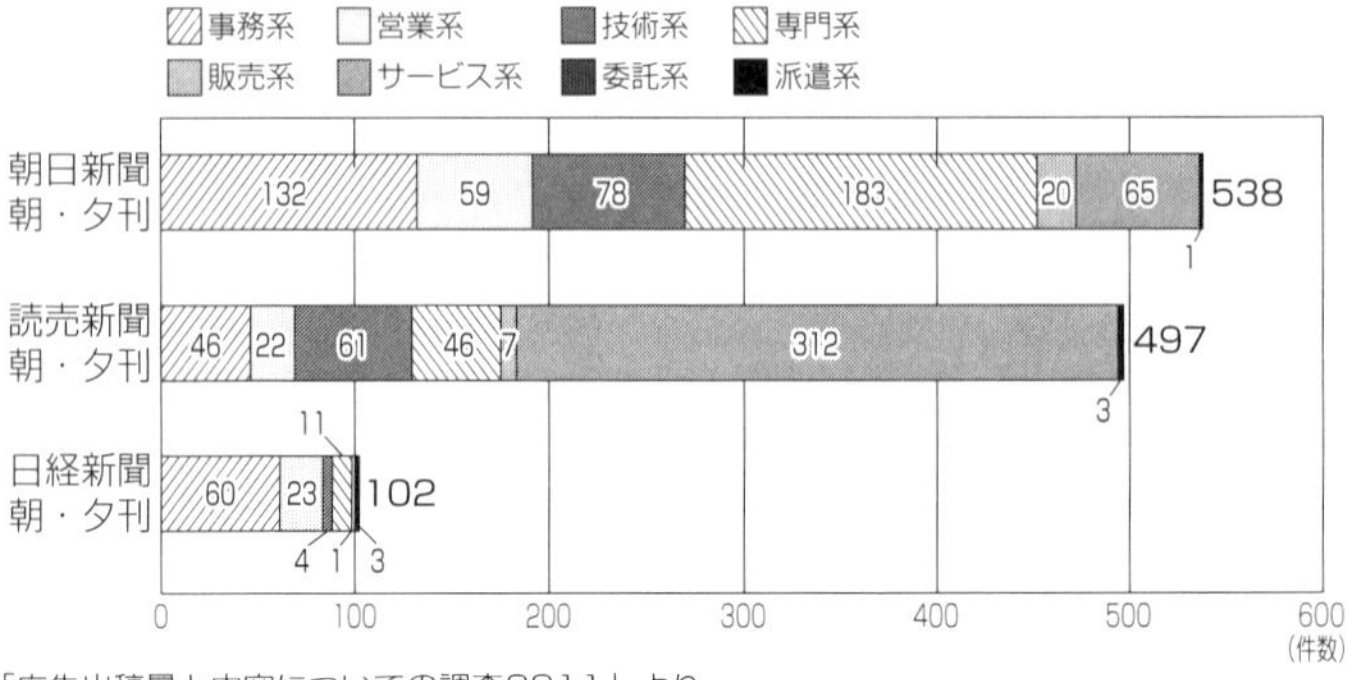

「広告出稿量と内容についての調査2011」より

● 調査対象新聞：2011年2月1日～28日付の朝日新聞、読売新聞、日経新聞の東京本社最終版
● 調査方法：各新聞の求人広告に含まれるすべての件数・段数を広告内容ごとにカウント
● 調査企画：朝日新聞東京本社広告局
● 実査機関：エム・アール・エス広告調査㈱

出所：『朝日新聞・求人広告総合カタログ』（東京本社版）

【収集方法】

多くの新聞では、曜日によって掲載される求人広告の量が異なり、求人の種類（雇用形態・業界・職種など）が曜日によって決まっている場合もあります。

たとえば、『朝日新聞』の求人広告は主に日曜日と月曜日に掲載されます。これは全国版の場合です。地方版の場合、水曜日や木曜日に掲載されることもあります。

なお、朝日新聞の全国版では、第2・第4日曜日に医療・福祉業界の求人特集が組まれます。他の業界についても、不定期に求人特集が組まれています。

また、『日経新聞』の求人広告の掲載日は日曜日が中心で、金融・証券業界のほか、人材紹介会社の求人も多いようです。

全国紙と、希望する勤務地の地方紙（ブロック紙を含む）について、こうした傾向をつかんでください。新聞ごとに求人広告の出る曜日を把握したら、すべてに目を通します。未購読のものも、図書館で閲覧できます。

なお、全国紙・地方紙とも、ＷＥＢ版の求人情報（朝日求人ウェブなど）と同時展開している例が多く、求人情報によっては紙面とサイトの両方に掲載され、パソコンやモバイル機器での検索も可能です。

チャンネル2 「折り込みチラシ」からの情報収集術

新聞の折り込みチラシに掲載される求人情報もあります。

数ページの求人紙の形をとるものとしては、全国対象の『求人ジャーナル』や、地方対象の『しごと情報アイデム』『ユメックス』『クリエイト』などが知られています。

【特徴・注意点】

新聞の折り込みチラシに掲載されるのは、地域中心の求人情報です。都市部よりベッドタウンのような郊外のほうが多い傾向にあります。

40代・50代の求人や、正社員の求人は限られるかもしれませんが、第3章で改めて説明する「**条件破壊応募**」を視野に入れれば、非常に貴重な情報源といえます。

【収集方法】

折り込まれるチラシの量や種類は新聞によって異なります。首都圏では、『朝日新聞』と『読売新聞』がチラシに強いです。『日経新聞』にはほとんど入っていません。

最近は新聞を定期購読しない家庭も多いでしょうが、**新聞販売店に行けば、当日分の新聞を折り込みチラシ付きで購入することもできます。**

新聞に折り込まれる求人紙は主に日曜日に発行されます。各紙ともWEB版と同時展開しており、情報によってはパソコンやモバイル機器での検索も可能です。

チャンネル 3 「求人誌」からの情報収集術

かつて書店やコンビニの本棚をにぎわしていた求人誌ですが、全国で販売される有料求人誌は現在、週刊の『an weekly』のみとなってしまいました。この雑誌はアルバイトの求人の割合が高いようですが、「折り込みチラシ」と同様に、「条件破壊応募」を視野に入れれば、やはり極めて貴重な情報源です。

また、地方によってはその地方独自の求人誌が販売されています。

求人誌の主流は無料媒体（フリーペーパー）に移りつつあります。コンビニ・スーパー・書店の店頭や、駅のコンコースなどに専用のラックが設置され、毎週定期的に入れ替えられています。

無料求人誌はラインナップも多彩になりました。『ＴＯＷＮ ＷＯＲＫ』『ＴＯＷＮ ＷＯＲＫ社員』『ａｎエリア』『Ｊｏｂ ａｉｄｅｍ』『求人ジャーナル』などが代表で、配布エリアに対応した地域版が発行されています。

地域によってはその地域独自のフリーペーパーも配布されています。

【特徴・注意点】

求人情報の多くは「地域密着型」であり、通勤範囲を考慮した情報収集ができます。また、希望する勤務地を隣接地域まで広げれば、活用できる情報量も格段に増えます。

有料誌・無料誌とも求人情報は「求人広告」であり、企業の利益が優先されます。「新聞」と同様に、40代・50代にとっては年齢条件の厳しさがネックでしょう。

▶媒体別求人広告掲載件数（新聞以外）

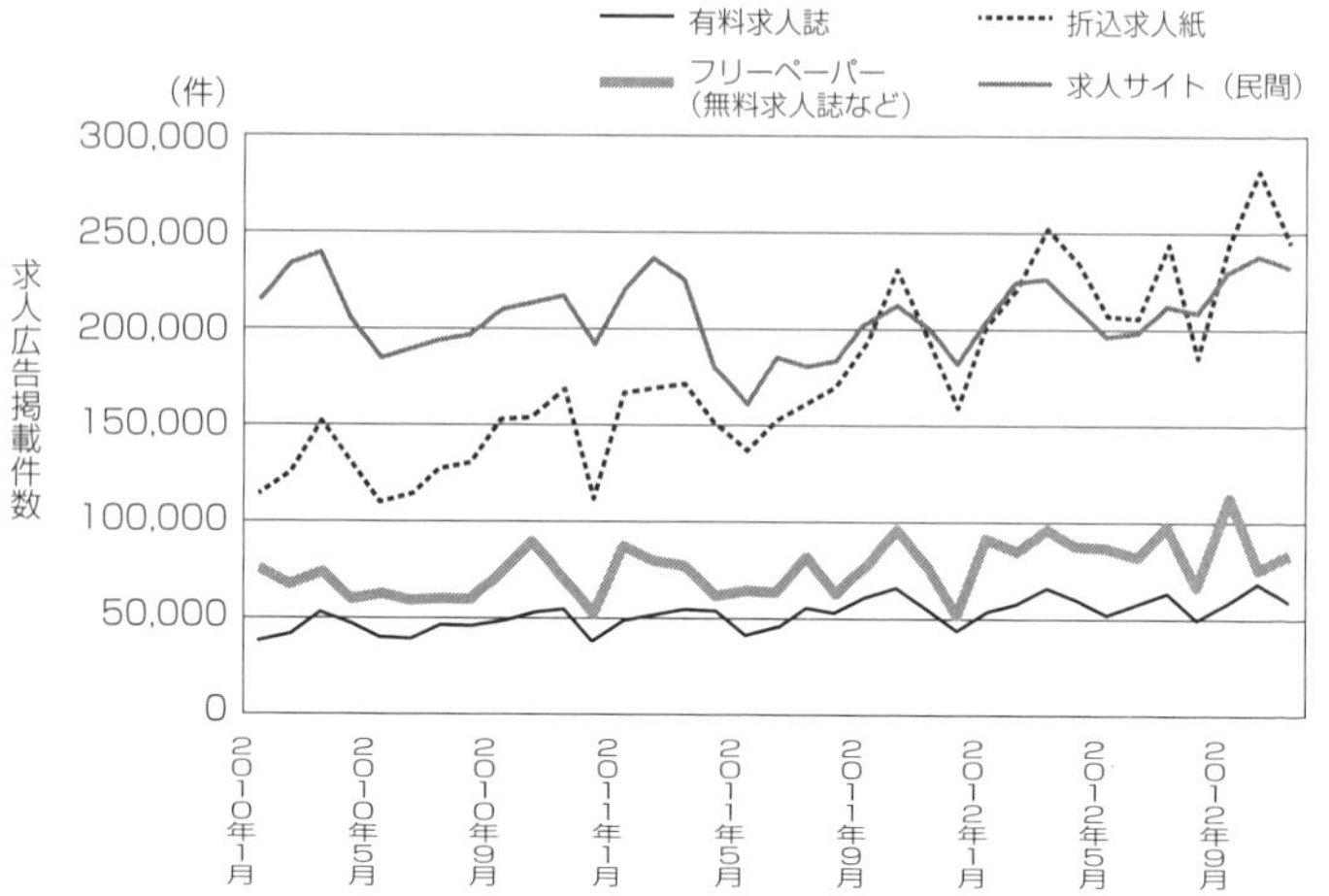

出所：（社）全国求人情報協会『求人広告掲載件数等集計結果』（平成24年11月分）

【収集方法】

応募しうる求人情報を漏れなくチェックするには、**希望する勤務地だけでなく、通勤可能な地域すべての地域版に目を通すことです。**「この求人誌のこの地域版はこの駅のラックから、あの求人誌のあの地域版はあのコンビニのラックから」というように、入手場所を決めておきましょう。

各誌とも発行日が決まっていること、ラックが空になっても補充されないことを考えれば、**収集日を「週間スケジュール」（68〜69ページ図参照）に落とし込むことも必要です。**

なお、「求人サイト」を同時展開している求人誌も多く、情報によってはパソコンやモバイル機器での検索も可能です。

チャンネル4 「求人サイト」からの情報収集術

いまや求人情報の8割はインターネット上に存在すると考えていいでしょう。多くの求人サイトが展開され、多くの求人情報が発信されています。

求人サイトは、ビジネスモデルによって「政府系サイト」「ポータルサイト」「媒体型サイト」「サーチ型サイト」「人材紹介会社集合型サイト」の5つに大きく類型化できます。

求人サイトではありませんが、「SNS」も有力な情報源の一つです。

すべてのサイトのすべての情報を対象に、ただ漫然とページをたぐるだけでは、必要な情報を収集することは不可能です。

便利な検索機能を備えていても、効率よく情報を収集するために、各サイトのビジネスモデルを踏まえなければなりません。

多種多様な情報を相手にするには「戦略」が必要なのです。

▶求人サイトの特徴

政府系サイト	○求人情報が膨大 『ハローワークインターネットサービス』……職業安定所に寄せられた求人情報を掲載。ハローワークの端末では、より新しい情報を検索可能 『しごと情報ネット』……ハローワークの求人情報に加え、全国の職業紹介事業者（民間）の情報もある ○比較的内定を獲得しやすい反面、小規模な事業者も多く、待遇面に問題がある場合もある
ポータルサイト	○他の媒体型サイト・人材紹介会社集合型サイトから提供された求人情報を掲載→いくつかのサイトの横断検索が可能
媒体型サイト（ポータルサイトから検索可能）	○求人情報の紙媒体（新聞・雑誌など）が、WEB媒体として展開 ○求人情報は企業の求人広告であり、求人企業が提示する表向きの情報 ○求人企業の取材記事が併記されている例もある
サーチ型サイト	○他の求人サイトの求人情報を「サーチ」して収集し、利用者の入力した条件に応じて表示 ○企業のホームページ掲載の求人情報をメインとするサイトでは、「通年採用」の募集も多く、「条件破壊応募」に有用
人材紹介会社集合型サイト	○求人広告の応募フォームに入力すると、求人企業ではなく人材紹介会社に送信される＝人材紹介会社に登録される ○登録者は、求人企業への紹介が受けられるタテマエ→人材紹介会社に“売り込む”努力で、紹介率アップ

①政府系サイト

国の機関が直接運営している求人サイトが、『ハローワークインターネットサービス』と『しごと情報ネット』です。

【特徴・注意点】

厚生労働省の『ハローワークインターネットサービス』では、ハローワークに集まる企業の求人情報をインターネット上で検索できます。２０１３年初めの求人件数は全国で63万件余りです。

同じく厚生労働省の『しごと情報ネット』は、国内最大の求人サイトといえます。２０１３年初めの求人件数は全国で94万件余りです。

民間の求人サイトの場合、多いところで十数万件（少ないところは数万件以下）です。**情報量は、政府系サイトが圧倒しています。**

なお、『しごと情報ネット』の求人情報は、ハローワークの情報のほか、全国各地の民間の職業紹介事業者、求人情報提供事業者、労働者派遣・供給事業者、経済団体などの情報で構成されています。

【収集方法】

ハローワークの窓口と併せて利用しましょう。あとでふれますが、ハローワークの端末でしか見られない求人情報があります。

②ポータルサイト

『@nifty』『MSN Japan』『Yahoo! JAPAN』などのポータルサイトは、後述する媒体型あるいは人材紹介会社集合型のサイトとの提携により、求人情報を入手し、それを転載する形で運営されています。

求人情報は随時更新されるため、ポータルサイトに表示される情報を見ていれば、提携先の媒体や人材紹介会社の情報はひと通りカバーできます。

【特徴・注意点】

46〜47ページの図を見てください。ポータルサイトのトップページに、「求人・アルバイト」などの項目があります。それをクリックすると、求人情報ページに飛びます。そこにある「転職」などの項目から転職情報ページに進むと、求人の検索ページが現われます。

ここで職種や勤務地などを条件にして検索すると、条件によっては実に多くの求人がヒットします。この検索結果から、希望する求人の応募ページに飛べますが、応募ページは提携先の求人サイトにリンクしています。

【収集方法】

提携先の求人サイトを横断的に検索した結果がすべて一覧となって表示されるので、各サイトを一つひとつ見て回る手間が省けます。これで〝見逃し〟も防げるでしょう。

③媒体型サイト

媒体型の求人サイトは、紙媒体から始まっています。代表例が『マイナビ』です。『朝日新聞』や『日経新聞』、その他地方紙など、WEB版の求人情報ページを持つ新聞は、紙面中の求人広告と連動しています。

求人誌に由来する、媒体型の求人サイトもあります。『リクナビNEXT』はその一つです。リクルートのかつての求人誌『B-ing』『とらばーゆ』『ガテン』『fromA』などで扱っていた求人広告が、ここに集約された形です。

【特徴・注意点】

媒体型はその由来から「求人広告型」ともいえます。

求人サイトによっては求人広告に独自の掲載基準を設けたり、掲載企業の取材記事を交えていたりする場合があります。

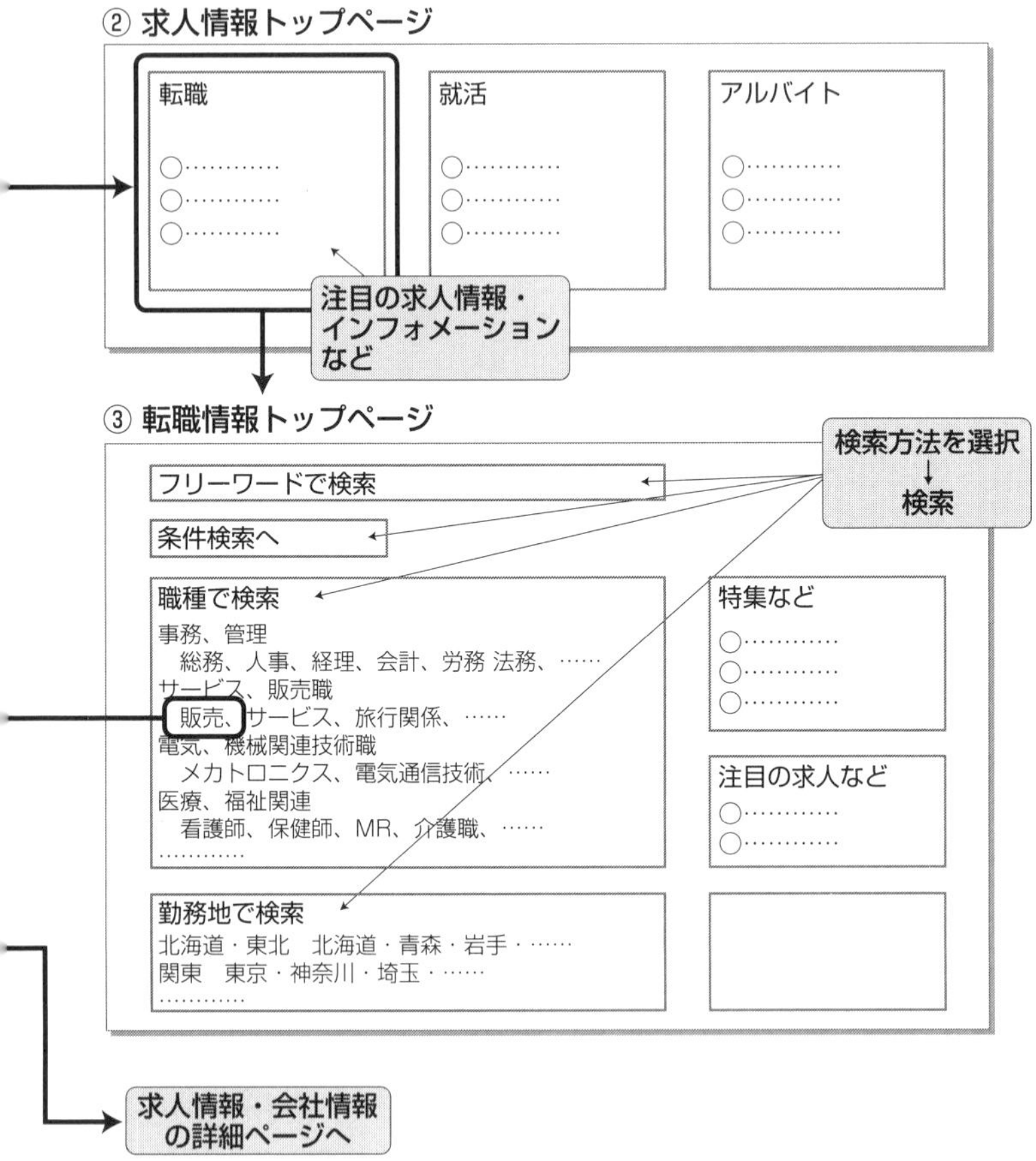
② 求人情報トップページ
転職
就活
アルバイト
注目の求人情報・
インフォメーション
など
③ 転職情報トップページ
検索方法を選択
↓
検索
フリーワードで検索
条件検索へ
職種で検索
事務、管理
総務、人事、経理、会計、労務 法務、……
サービス、販売職
販売、サービス、旅行関係、……
電気、機械関連技術職
メカトロニクス、電気通信技術、……
医療、福祉関連
看護師、保健師、MR、介護職、……
特集など
注目の求人など
勤務地で検索
北海道・東北　北海道・青森・岩手・……
関東　東京・神奈川・埼玉・……
求人情報・会社情報
の詳細ページへ

▶ポータルサイトからの求人情報の検索

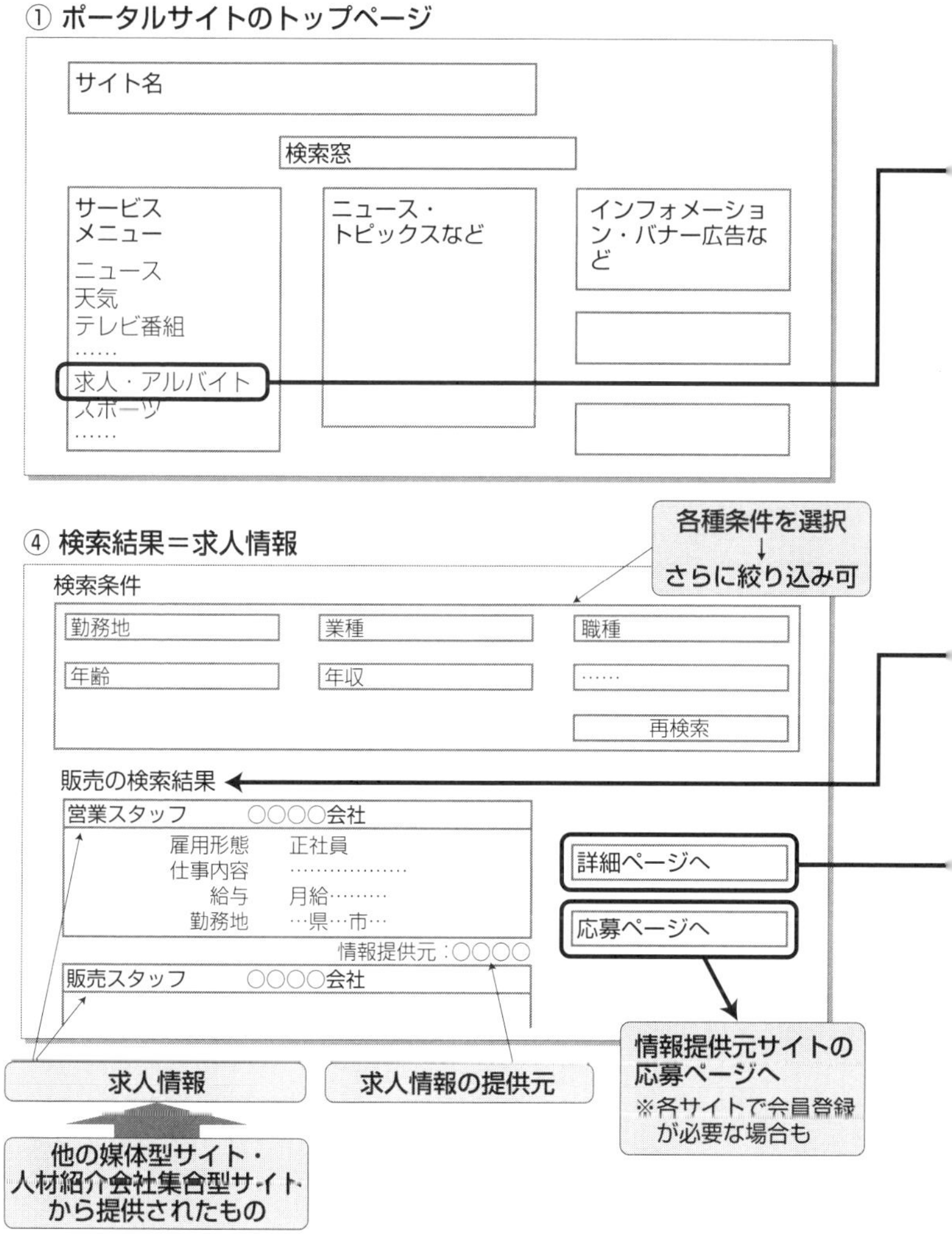

【収集方法】

媒体型の求人サイトは、小規模なものも合わせれば、数百は下らないでしょう。膨大な数であり、すべてをチェックし尽くせるものではありません。

そこで、**媒体や人材紹介会社と提携しているポータルサイトの活用をおすすめします。**ポータルサイトによって提携先は異なるので、いくつかのポータルサイトを組み合わせて利用するといいでしょう。

④サーチ型サイト

職種の一覧から求人情報を検索できるなど、サーチ型の求人サイトはポータルサイトのつくりと類似していますが、独自の求人広告を掲載しているほか、職種別にインターネット上の求人情報を収集して掲載しています。

現在、国内で運営されているものとしては、『ジョブエンジン』『ジョブダイレクト』『仁王 nioh．jp』『ジョブセンスリンク』『Indeed』などが挙げられます。

【特徴・注意点】

求人情報の収集先は『ハローワークインターネットサービス』や、媒体型の求人サイト、企業のサイトの求人情報ページなどです。その求人情報は「検索エンジン」と同じように検索が可能です。

特に注目したいのは、企業のサイトに掲載された求人情報です。

求人企業にとって、媒体型の求人サイトに求人広告を出すには料金がかかりますし、掲載期間も限られます。ここに求人するということは、「いつまでに」「どのような人を」「どれぐらいの予算で採用するか」がある程度決まっています。

それに対し、企業のサイトの求人情報は、その企業が自由に掲載するものです。料金もかからなければ掲載期間も決まっていません。「通年採用」で募集している場合が多いのです。

【収集方法】

通年採用は少し長い目で人員を拡充していくものですから、応募条件が掲載されていても、ゆるく考えてもらえる場合が多いのです。「条件破壊応募」でも対応してもらえる可能性が高いということです。

事業内容や業態を勘案したうえ、条件をより柔軟にとらえて応募先を抽出しましょう。

⑤人材紹介会社集合型サイト

たとえば、『［ｅｎ］転職コンリルタント』『イーキャリアＦＡ』『人材バンクネット』などが有名でしょう。人材紹介会社が運営する求人サイト、あるいは数社の人材紹介会社の求人情報が集合した求人サイトです。

こうした人材紹介会社集合型の求人サイトは、他の求人サイトと同じに見えてまったく異なる部分があります。求人に応募すると、その情報は求人企業ではなく、人材紹介会社へ送られるのです。

また、企業名が伏せられた「非公開情報」が画面に並ぶこともあります。

【特徴・注意点】

人材紹介会社集合型の求人サイトでは、「情報提供」よりも、「情報収集」に重きが置かれています。人材紹介会社のビジネスモデルからすれば、当然といえば当然のことでしょう。

就職難の時代にあっても、企業が欲しい人材を集めるには相応の手間を要します。人材紹介会社は、企業の求人にすぐ応えられるよう優秀な人材を確保しておきたいのです。応募者情報は、その候補としてリストに加えられるのです。

一方、求人情報を見ると、他の情報源経由のものより有利なものが多いといえます。表の求人情報には現われない〝優良案件〟の割合が高いのです。

ただし、「求人情報を検索し、気に入ったところを見つけ、自分の希望職種・希望年収を登録する」という当たり前の使い方はおすすめしません。現実には、**応募できる求人は多くても、いっこうに面接に結びつかないケースが非常に多いのです。**

「管理職経験者対象、年収1000万円」といった「エグゼクティブ求人」が登場するのも、人材紹介会社集合型の求人サイトならではです。しかし、それほど景気のいい話がどれだけあるのでしょう。就職情報業界では、〝ダミー案件〟という言葉があります。

【収集方法】

人材紹介会社集合型の求人サイトの利用に「ユーザー登録」が要るなら、型どおりに登録作業を済ませてください。そのことで得られる情報は後々役に立つはずです。

そして、**登録情報はこまめに更新するとよいでしょう。**経歴でも資格でも、登録情報の一部を更新すると、人材紹介会社の登録者管理画面では、リストの上位に表示されるケースが多くなります。これで自分の登録情報がリストの下位に埋もれることを防げます。

もう一つのポイントは、**登録情報に「キーワード」を散りばめることです。**たとえば、マーケティングに携わってきた人なら、「リサーチ」「市場調査」「プロモーション」「販売戦略」「ブランディング」など、マーケティングに関係する仕事のキーワードを登録情報に入れておくと、人材紹介会社のコンサルタントの目に止まる確率も高くなります。

▶何もしないと忘れられる!?

①人材紹介会社集合型の求人サイトに登録

あなたの登録情報がトップに

○○○人材サービス　求職者登録名簿					
		登録日	年齢	前職	資格
1	**○川○夫**	**2013/10/3**	**50**	**○○会社**	**○○**
2	△山△子	2013/10/2	………	………	………
3	◇木◇代	2013/10/2	………	………	………
4	□藤□郎	2013/10/1	………	………	………
5	△△△△	2013/9/30	………	………	………
…	………	………	………	………	………
50	△△△△	2013/9/15	………	………	………
51	◇◇◇◇	2013/9/15	………	………	………
52	□□□□	2013/9/14	………	………	………
53	△△△△	2013/9/14	………	………	………
54	◇◇◇◇	2013/9/13	………	………	………

②数日～数週間後……

人材紹介会社のコンサルタントは「新しい人」から順に人材を探す

何もしないと登録順は日ごとに下がる
→あなたの番はもう回ってこない!?

認知度を上げる努力を！

○○○人材サービス　求職者登録名簿					
		登録日	年齢	前職	資格
1	△△△△	2013/10/23	………	………	………
2	◇◇◇◇	2013/10/22	………	………	………
3	□□□□	2013/10/22	………	………	………
4	△△△△	2013/10/21	………	………	………
5	◇◇◇◇	2013/10/20	………	………	………
…	………	………	………	………	………
50	△△△△	2013/10/4	………	………	………
51	**○川○夫**	**2013/10/3**	**50**	**○○会社**	**○○**
52	△山△子	2013/10/2	………	………	………
53	◇木◇代	2013/10/2	………	………	………
54	□藤□郎	2013/10/1	………	………	………

⑥その他（SNSの利用など）

インターネットの利用価値は、求人サイトの利用だけにとどまりません。SNS（ソーシャル・ネットワーキング・サービス）を転職活動に活用する人も増えてきています。

たとえば、『mixi』には就職・転職の情報を交換する集まり＝コミュニティが数多く存在します。

日本でも利用者が増えてきた『Facebook』は実名登録が原則で、情報交換やネットワーク拡大のほか、プロフィールを公開して企業や業界に自分を売り込み、その交流の場を商談や新たなビジネスチャンスに結びつけるケースが現われ始めています。

140字以内の〝つぶやき〟を公開する『Twitter』もあります。こちらは匿名《とくめい》でも構わないのですが、企業や自治体の担当者が組織を代表して、PRを主眼とした情報を発信する例がたくさん見受けられます。

求人サイトではSNSの仕組みを使って、サイトの登録者に最新情報を流す取り組みが進んでいます。

逆に、企業が応募者のプロフィールなどの裏付けとして、SNSでの発言を調べることもあります。

特に『LinkedIn』は、英語や国際ビジネスが得意な人は見逃せません。就職やキャリアアップに関心を持つ世界各地の人々が登録しており、語学スキルを活かした求人を探す場合には有効なネットワークです。

運営企業自身が「世界最大のプロフェッショナルネットワーク」を標榜《ひょうぼう》しており、海外で働く人や、国内でも外資系企業で働く人と交流を持つことができます。その中で、数多くの求人情報にふれることができるでしょう。

実際に外資系企業では、ヘッドハンティングに活用する動きも広がっています。

チャンネル5 「公的機関」からの情報収集術

①ハローワーク

公共職業安定所（ハローワーク）は、厚生労働省の関連施設で、各都道府県の主要都市に置かれています。

【特徴・注意点】

『ハローワークインターネットサービス』の説明でもふれたように、大量の求人情報を保持していますが、他のチャンネルに比べて内定を獲得しやすい反面、求人企業は小規模な事業者が多く、待遇面に問題があったり組織体制が整っていなかったりする例も見受けられます。

【収集方法】

求人情報は『ハローワークインターネットサービス』で検索することもできますが、**週に1回は最寄りのハローワークに通いましょう。**利用は無料です。

なぜなら、ハローワークの端末のほうが、より新鮮な求人情報が得られるからです。『ハローワークインターネットサービス』の情報更新には若干のタイムラグがあります。

また、窓口で登録した後でないと、閲覧できなかったり、企業名が公開されなかったりする求人情報もあります。

ハローワークの端末には『ハローワークインターネットサービス』にない求人情報があると考えてください。

そうした求人情報を見つけ、ハローワークの窓口で応募するのが普通なのですが、「条件破壊応募」では、**求人情報を控えて持ち帰り、窓口を通さず、自分で直接郵送で応募します。**

ちなみに最近は、検索のみの「サテライト端末」も、交通の便のよい施設に置かれています。

②人材銀行

人材銀行は、管理的職業や、専門的・技術的職業に従事してきた人材を対象に、企業には経験豊かな人材の求人の場を、求職者には活躍の場を提供する仕組みです。

全国の主要6都市に置かれており、扱う求人としてはそれぞれの地方の情報が主体です。他に、自治体レベルでも、同様の機関が設置されている場合があります。

【特徴・注意点】

おおむね40歳以上の管理的職業、専門的・技術的職業の経験者という条件が掲げられているものの、40代・50代ならほとんどの人が利用可能だと私は考えています。

登録の際には、前職までの管理職としての経験を記す必要があります。「社員の給料の査定をしたことがあるか」というように、管理職なら携わってきたはずの業務が問われるわけですが、**自己申告制**です。

【収集方法】

利用は無料で、窓口で登録し、担当者への相談、求人票の閲覧を経て、求人の紹介を受けます。

また、企業から面接のリクエストを受けるべく、登録情報（氏名・住所などを除く）を公開してもらうこともできます。

▶全国の人材銀行と人材銀行で対象となる人材・職種

■全国の人材銀行

埼玉人材銀行（埼玉県さいたま市）
東京人材銀行（東京都千代田区）
名古屋人材銀行（名古屋市中村区）
京都人材銀行（京都市下京区）
大阪人材銀行（大阪市中央区）
福岡人材銀行（福岡市中央区）

出所：厚生労働省ホームページ

■人材銀行で対象となる人材・職種

管理職	40歳以上で、管理的職業（ラインの課長以上）に従事する人（人事課長、総務部長、経理課長、営業部長、企画室長、工場長、支配人、事務長など）
技術職	40歳以上で、専門的な技術・知識・資格を有し、技術的職業に従事する人（機械技術者、電気技術者、土木技術者、建築技術者、化学技術者、生産技術者、情報処理技術者など）
専門職	40歳以上で、高度な専門的知識・資格・経験を必要とする専門的分野の職業に従事する人（医師、薬剤師、翻訳・通訳者、記者・編集者、広告企画、デザイナー、教育など）

出所：東京人材銀行ホームページ

③しごとセンター

しごとセンターはぜひ利用したい公的機関です。各自治体の「転職支援事業」を推進する機関ですが、運営は民間の事業者に委託されている場合が多いようです。

【特徴・注意点】

就職に関するワンストップサービスが提供されており、若年者から高年齢者まで、転職希望者・求職者の適性や希望に合わせたキャリアカウンセリングを受けることができます。

求人情報自体は、ハローワークと共通のデータが主体です。

【収集方法】

「東京しごとセンター」を例にとると、東京都の転職支援事業でありながら、東京在住者だけでなく、東京在勤予定の人も利用することができます。利用は無料で、窓口で登録を済ませると、担当のコンサルタントが付き、カウンセリングを受けながら求人の紹介を受ける形となります。

また、転職のためのセミナーや企業との交流会などが開かれ、やはり無料で参加することができます。

チャンネル6 「人材紹介会社」からの情報収集術

「人材紹介集合型サイト」の説明でもふれたように、条件の良いハイレベルな求人情報を、人材紹介会社は持っています。

【特徴・注意点】

人材紹介会社は、求人企業の求人業務と応募者のフィルタリング（78ページ図参照）を肩代わりしているだけの場合が多いようです。応募条件に合わない場合は、先方の採用担当者に情報が行き着くことはなく、欲しい情報もこちらに届かないことになりがちです。

これでは、求人企業の本当のニーズに訴えようという「条件破壊応募」にはふさわしくないかもしれません。とはいえ、**本来あるはずの良質の求人情報は、短期間での転職成功への切符です。**

年齢や過去の職歴などで、フィルターでふるい落とされかねない不利な条件を抱える人は、正攻法で紹介を待つより、ゲリラ的に間隙を突いて、自分から条件の良いハイレベルな求人情報を取りに行くべきです。

【収集方法】

人材紹介会社から求人情報を入手するには、何よりもコンサルタントと良好な関係を築くことです。登録したら、人材紹介会社にすぐ電話をかけてください。

「先ほど登録した○○と申します。ぜひ直接ご相談したいので、お時間をいただけないでしょうか？」などと、直接会えるようにお願いをしてみましょう。インターネットを介した無機的な関係から、いきなりフェイス・トゥ・フェイスの人間的な関係に持ち込むのです。

「では、一度お会いしましょう」と答えてくれるコンサルタントが見つかったら、さっそく訪問します。そこで一番大切なのは、**コンサルタントと「顔なじみ」になることです。**

その後は、コンサルタントから**求人紹介の連絡がなくても、週に一度は電話をかけます。**経理の仕事が希望なら、経理の求人はないか尋ねます。そうすれば、1か月後も2か月後も「ああ、あの経理希望の○○さん」でいられるでしょう。

この関係を、**10社のコンサルタントと築いてください。**とにかく、あなたの存在が埋もれていくことを阻止しなくてはなりません。

新しい求人の案件が人材紹介会社に舞い込むと、多くのコンサルタントは登録者リストを直近の分から順にたぐり、候補者を探していくものです。登録から数週間、数か月と経ってしまえば、もう自分の順番は回ってこない——これが実情です。

もはやそうなってからコンサルタントに尋ねても、挽回はむずかしいでしょう。

ある人材紹介会社に勤める知人によれば、1人のコンサルタントが200人の登録者を担当するケースもあるといいます。そのような中でも、直接話したことのある登録者は印象が違うらしく、求人企業の希望とは少し異なる人材でも案件が発生すれば、「あの人に一度挑戦してもらおう」という気になるようです。

コンサルタントも人の子です。めげずに連絡を取り続け、10社のコンサルタントとのつながりを維持しているうちに、いつしか声がかかるようになり、実際に面接の予定が入るようになるのです。

ただし、会える確率が問題です。**人材紹介会社に30社登録して、10社訪問できればいいほうです。**

最後の手段は「**飛び込み訪問**」です。人材紹介会社の所在地を確認したら、サイトからの登録作業すら省き、アポなしで訪問するのです。そして、その場で登録・相談を申し込むのです。

もちろん、「お時間がありましたら」と前置きするのですが、意外にも面談できる確率は高いのです。

会ってくれたコンサルタントは、その日からもう顔なじみです。サイトや電話からアプローチするより早く、強いつながりができるはずです。

人材紹介会社が相手にしてくれるのは35歳まで——そんな説も流布していますが、遠慮することはありません。

私の知っている限りでも、40代・50代の多くが人材紹介会社経由で転職を果たしています。実際に40代・50代の求人の案件が入ったら、人材紹介会社のコンサルタントは強力に後押ししてくれます。それまであまり気乗りのしない様子だったとしてもです。人材紹介会社のビジネスモデルは「成功報酬型」なので、年収条件の高い転職を成功させれば、自社の収益もアップするからです。

チャンネル7 「支援者」からの情報収集術

求人の情報源として「支援者」も貴重です。

いわゆる「コネ」ルートですが、身内や友人はもちろん、過去の勤務先、出身校の恩師

▶あなたの周りの「支援者」

つながり	支援者の例
過去の勤務先	上司・同僚・部下
	協力会社・業界団体・学会・同業者
	取引先・顧客
身内	家族
	親戚
友人・知人	幼なじみ
	出身校の恩師、先輩・同級生・後輩
	趣味の仲間
	所属団体の会員
地元	ご近所
	町内会、檀家、氏子
	政治家

や先輩、過去の取引先などが挙げられるでしょう。

旧知の間柄では、かえって相談しづらい場合があるかもしれません。

特に中高年には「転職活動中である」ことを言いたくない、あるいは援助を求めることをプライドが許さないという思いが強くあります。

それでも、「いま、次の仕事を探しているんです。もしいいお話があれば、ぜひ！」と声をかけておけば、思わぬところから情報が寄せられることもあり得るのです。

電話やメールに頼らず、一人でも多くの支援者に会って、情報収集の努力をしましょう。

多チャンネルの情報源で、情報収集を緻密に行なうために

求人情報の情報源とチャンネルについて紹介しましたが、すでにお気づきのように、情報収集先は週に20～30か所に及び、いざ転職活動を始めてみると1か月や2か月はあっという間に過ぎてしまいます。

行き当たりばったりに探していたのでは、役に立つ情報が集まってきません。情報収集の戦略を考え、スケジュールやノルマを立てて実行していかなければなりません。

たとえば、会社勤めをしながらでも、月曜日にはインターネットで求人サイトをチェックし、火曜日には図書館で新聞を閲覧、水曜日にはハローワークを訪問、木曜日には人材紹介会社に電話といった具合に、すべての予定を書き出して、「週間スケジュール」をつくりましょう。

①求人情報源シート

まず、「求人情報源シート」に情報源ごとのチャンネルを書き入れます。

▶求人情報源シート（例）

No.	情報源		チャンネル
1	求人誌		an Weekly
2			TOWN WORK・TOWN WORK社員
3	新聞		読売新聞
4			朝日新聞
5			毎日新聞
6			日経新聞
7			産経新聞
8			東京新聞／神奈川新聞／千葉日報／埼玉新聞
9			The Japan Times
10	折り込みチラシ		求人ジャーナル
11	求人サイト	A	しごと情報ネット
12			ハローワークインターネットサービス
13		B	@nifty ＞ 求人 ＞ 転職
14			MSN Japan ＞ 求人・アルバイト ＞ 転職
15			Yahoo! JAPAN ＞ 求人、アルバイト ＞ 転職
16		C	ジョブエンジン
17			ジョブダイレクト
18			仁王 nioh.jp
19			ジョブセンスリンク
20			Indeed
21			[en] 転職コンサルタント
22			イーキャリアFA
23			人材バンクネット
24	公的機関		ハローワーク
25			東京人材銀行
26			東京しごとセンター
27	人材紹介会社		顔なじみ10人に電話

特に「求人サイト」は政府系、媒体型、サーチ型を網羅しなければなりません。そこで、「A　政府系」「B　媒体型」「C　サーチ型」というように、カテゴリーで分けるとわかりやすいでしょう。

②応募の優先順位シート

次に、「応募の優先順位シート」に、希望する職種の優先順位を書き込み、それに従って応募を開始します。

ただ、応募を始めても、最初の2〜3週間は何事も起きません。しかしその期間を過ぎると、面接が入ってくるようになります。

③週間スケジュールシート

面接が入りだしたら、スケジュールを管理し、効率よく面接をこなしていかなければなりません。**求人情報の収集と応募は毎日やること。**いずれも1日でも怠れば、後が続かなくなります。

転職活動を「仕事」と考えましょう。転職活動をルーチン化しないと、必ず見逃しが出るので要注意です。

▶応募の優先順位シート（例）

NO.	職種	内容	備考
1	マーケティング	・理化学メーカー ・他メーカー ・販売関係	
2	学術	〃	
3	技術営業	〃	

19日（水）		20日（木）		21日（金）		22日（土）	
ネットC ハローワーク		ネットA		ネットB 人材紹介会社に電話		ネットC	
目標数	完了数	目標数	完了数	目標数	完了数	目標数	完了数
5		2		2		2	
		2					
				2			
3						2	
2							
				(10)			
△△(株) 二次面接15：00〜							

▶週間スケジュールシート（例）

6月	16（日）		17日（月）		18日（火）	
イベント	新聞（自宅） 折り込みチラシ		求人誌の回収 ネットA		新聞（図書館） 求人誌の閲覧 ネットB	
応募書類発送 ※（　）内はその週の目標数	目標数	完了数	目標数	完了数	目標数	完了数
	2		3		10	
求人誌(5)					5	
新聞(3)	1				2	
折り込みチラシ(1)	1					
ネットA(5)			3			
ネットB(5)					3	
ネットC(5)						
ハローワーク(2)						
人材紹介会社へ電話(10)						
修正事項（面接予定）			(株)○○ 面接10：00～			

以上を1週間の活動に落とし込むのが、68〜69ページの「週間スケジュールシート」です。「応募書類発送」「人材紹介会社へ電話」など、その週に行なうべき行動を情報収集に当たるべきチャンネルごとに書き込みます。たとえば、月曜日は自宅で購読している「新聞」と「折り込みチラシ」をチェックする、火曜日は「求人誌」を回収し、「求人サイト」をチェックするなど、1週間のスケジュールに落とし込むのです。

それぞれ目標件数（ノルマ）を決めておき、実行できた件数を記録していくようにしましょう。

60日以内に転職を実現するには、**まず応募を大量かつ集中的に行なうことが必要になります**。そのために、細かくスケジュールを立てて、そのスケジュールどおりに実行していくことです。

多様な手段を用いて求人情報に漏れなく接していれば、応募先は予想以上に増えるはずです。

これがまず、「条件破壊応募」のベースになります。

第3章

40代・50代のための「条件破壊応募」術

「条件破壊応募」における〝2つの無視〟

この章では、年齢や職種など、求人情報にある各種条件を無視して応募する「条件破壊応募」について詳しく説明します。

40代・50代が転職活動をするにあたり応募先を見つけるには、第2章の説明のとおり、多チャンネルの情報源を使いこなし、求人を見逃さないことが不可欠です。

そうはいっても、普通の方法で応募しても、書類選考を通過することはむずかしいと思います。

そこで、条件破壊応募の考え方に基づいて求人を探せば、これまで「求人がない」と言っていた人も、1週間に数十件の応募先が確実に見つかります。そのうえで応募していくことになりますが、具体的にどうすればいいのでしょうか。

条件破壊応募が「破壊」するのは、従来の40代・50代の転職活動で大きな壁になっているもの、つまり求人企業が指定する「**諸条件**」と「**応募方法**」です。どちらも破壊する（＝無視する）ことこそ、成功のポイントです。

▶条件の壁を突破する

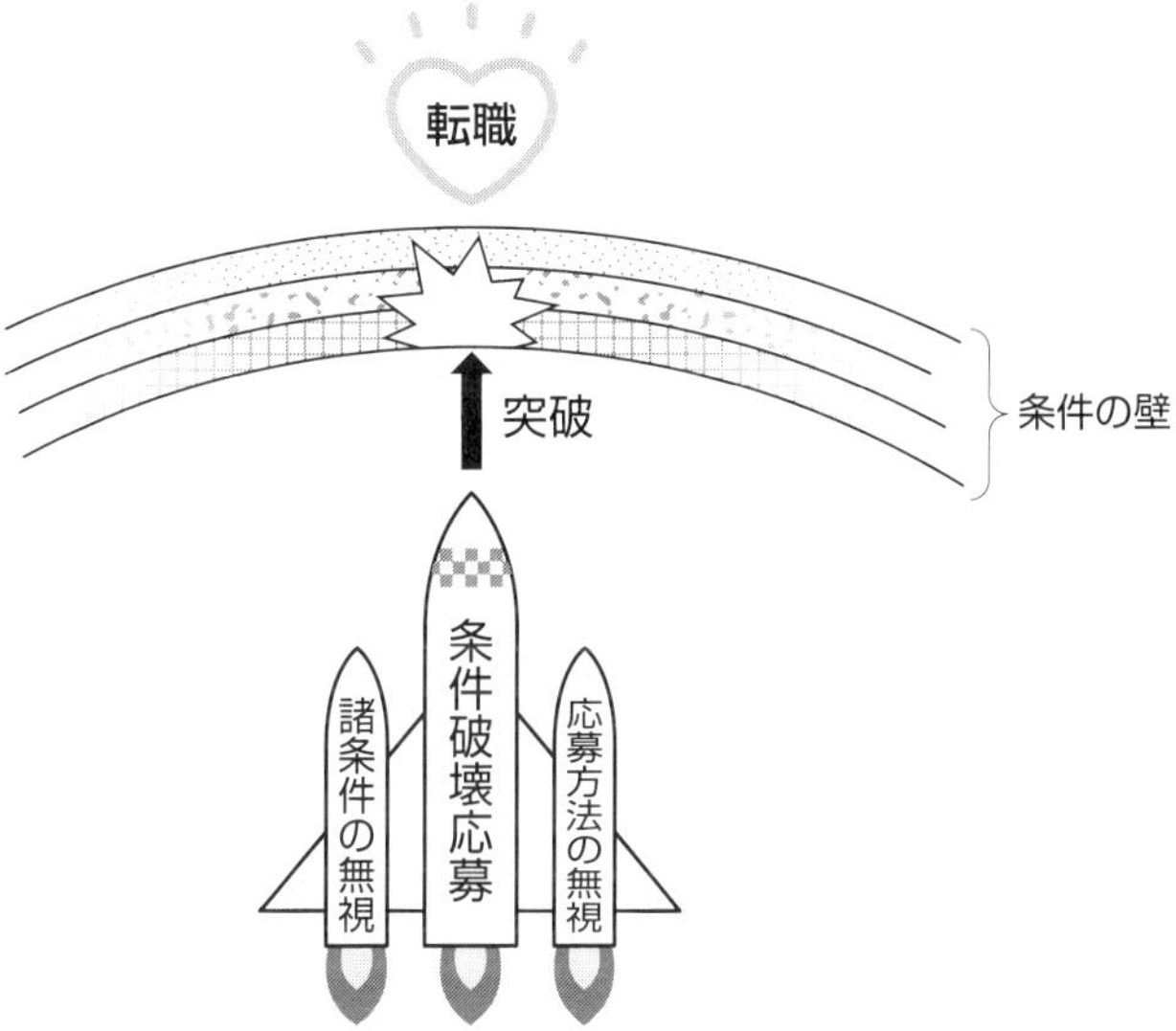

▶無視すべき諸条件

諸条件

- 年齢………………35歳まで
- 学歴………………大学卒
- 経験年数…………３年以上
- 語学のレベル……TOEIC 750点以上
- 資格………………簿記検定１級
- 年収………………450万～550万円
- マネジャ　経験必須

①諸条件の無視

通常、求人ではさまざまな条件（採用条件）が指定されています。年齢、学歴、職歴、語学のレベル、資格・免許、さらにはマネジャー経験が必須であるとか、年収が４５０万～５５０万円だとか、転勤があるとかないとかいったことです。

「諸条件の無視」とは、こうした条件の内容をすべて無視することです。

たとえば、40代で総務マネジャーの求人を探している人を例に挙げましょう。この人の希望年収が７００万円以上とすると、採用条件に４５０万～５５０万円とあれば、「応募できない……」というふうに普通は考えます。

ところが、条件破壊応募の考え方に立てば、この求人は応募の対象（応募先）になります。

たとえば、パートやアルバイトの求人も、応募の対象です。もちろん、契約社員の求人も同様です。ただし、派遣社員は直接雇用にならないので、応募の対象にはなりません。

つまり、**直接雇用の求人で、職種のジャンルさえ合っていれば、基本的にその他の条件は無視してください。**

「本当は７００万円必要だけど、採用条件のとおりに２００万円か１５０万円くらい下がってもいいかな……」「求人の年齢は40歳だが自分は45歳……応募してはいけないのかな……」などと心配する必要はありません。

総務という仕事の路線で行くなら、マネジャーであれ、平社員であれ、アルバイトであれ、契約社員であれ、応募するということです。

②応募方法の無視

諸条件の無視とともに重要なのが、「応募方法の無視」です。条件破壊応募の考え方では、**求人企業が指定する応募方法も完全に無視します。**

たとえば、求人サイトの場合、応募の受付はそのサイトからのみという例が少なくありません。そうなると、登録フォーム（エントリーページ）の入力が求められます。ハローワークの場合は、応募に際して「紹介状を持参してください」あるいは「応募前に電話をしてください」などの指定があります。

しかし、これらは全部無視します。

応募方法は一つです。それは「**郵送**」です。封筒に応募書類を入れて、ポストに投函するだけです。

なぜ、諸条件や応募方法を無視しなければならないのでしょうか。それを理解するために、一般的な応募書類の取り扱われ方を知っておく必要があるでしょう。

求人サイトで応募者情報はどう扱われているか

典型的な例として、求人サイトにおける企業側の採用行動を紹介しましょう。

たとえばA社が、総務のマネジャーか担当社員が欲しいとします。人事予算との兼ね合いで、採用条件は35歳まで、大卒で、経験5年以上、英語ができること、年収は600万円……とあらかじめ決まっています。

A社の採用担当者は、利用する求人サイトとして『Bナビ』が適切だと思ったら、Bナビの営業担当者を呼んで、求人広告の掲載の契約を結びます。

その後、A社の採用担当者は、パソコンによる「応募管理システム」の使い方について、Bナビの採用担当者から研修を受けることになります。

やがてA社の求人広告がBナビに掲載されると、応募者はBナビの登録フォームに自分の経歴などを入力してエントリーします。A社の採用担当者は、自社用の応募管理システムにより、この応募者情報をリアルタイムに閲覧できます。

▶求人サイトからエントリーすると……

パソコンの画面には、応募者が入力した情報がすべて「表」（表計算ソフトの画面のようなリスト）になって表示されます。なお、この表は、年齢、性別、在住地、学歴、職歴などの項目が縦列に表示されていて、それぞれの項目に対して「ソート」（またはフィルター）がかけられるようになっています。

往々にして、A社の採用条件に従って、その条件から外れる応募者情報は初めから区別されて表示されるようになっています。

たとえば、「年齢」が35歳までであれば、36歳以上の応募者情報は、A社の採用担当者に〝Bのクラス〟と認識されるわけです。

▶条件から外れる応募者は「NGフォルダ」へ

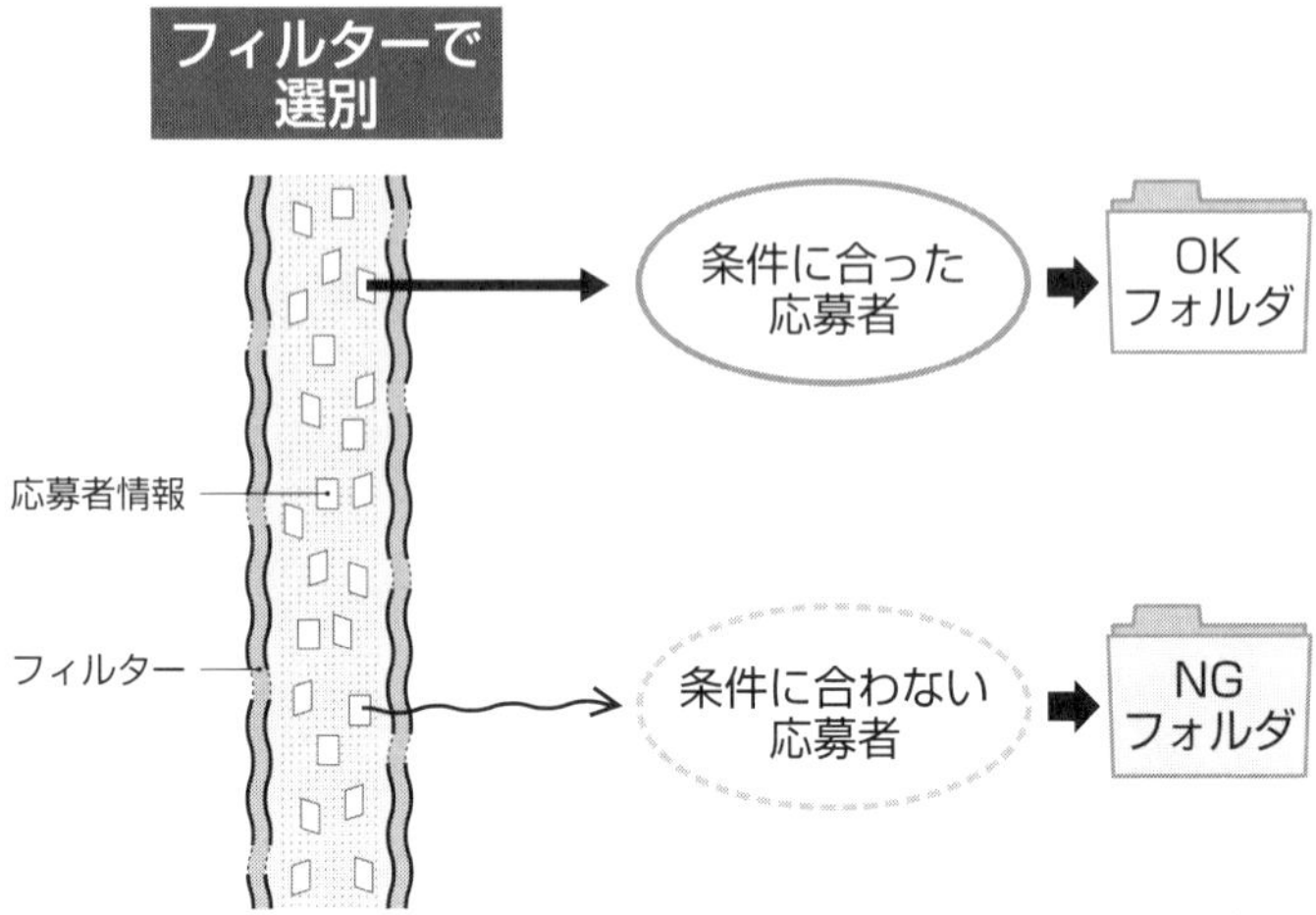

その他、「学歴」「職歴」「資格」「年収」なども、もちろんそうです。

この段階では、数字や分類がすべてです。

つまり、応募者のうち、フィルターではじかれなかった人（＝条件に合った人）が「ＯＫフォルダ」に分類され、フィルターではじかれた人（＝条件に合わなかった人）が「ＮＧフォルダ」に分類されるわけです。

これは自動処理になっていて、人間の判断が働きません。

こういう情報のさばき方をされてしまうと、いくら諸条件を無視して応募しても、結局、書類選考に残りません。面接までたどり着けないわけです。

これは何も、求人サイトに限った話ではありません。

応募書類の郵送を受け付けている場合でも、最初に封筒を開封するのは人事部門の若手社員ということが少なくありません。彼らは、書類を丹念に見ることなく、応募者が年齢などの条件を満たしているかどうかをチェックするだけです。**採用の決定権を持つ人事部長などの目にふれる前に、その書類が「NGボックス」に入れられてしまえば、返送や破棄という運命をたどります。**

こうしたことを防ぐには、どうしたらいいでしょうか。

求人サイトで求人を見つけた場合、**応募方法を無視して（この場合は求人サイトの登録フォームに入力せずに）、求人企業に応募書類を郵送すればよいのです。**それだけで、企業側の動きが変わってきます。

郵送を受け付けている場合はどうでしょうか。**勝負は、応募書類の〝中身〟です。**当然ながら、人事部門の若手社員はそれを開封します。その書類に「NGボックス」行きを阻止する工夫があれば、企業側の動きを変えることができます。

次章以降で説明しますが、人事部門の若手社員に対し、「上司である人事部長に相談しなければならない」と思わせられるかどうかが勝負なのです。これは、求人サイトで求人を見つけて応募書類を郵送する場合も同様です。

条件破壊応募で起きる5つのメリット

ここで、条件破壊応募でどんなことが起きるか、その効果・メリットについて整理します。

①応募から二次面接、三次面接までの期間が短縮できる

第一に、応募書類が人事部長などの採用の決定権者に届くことにより、興味さえ持ってもらえれば、すぐに内定につながる面接にこぎ着けられることです。つまり、転職活動の期間短縮です。

もともと企業側の採用活動には一般的なプロセスがあります。

まず求人募集があり、次に所定の期間内で応募者の受付を行ないます。そして受付の締切から書類選考が始まります。しかしこれは建前で、実際は締切前から始まっています。

書類選考の段階で、応募者はいったん「フィルター」にかけられ、はじかれなかった人が一次面接に呼ばれる候補です。このフィルターはいくつかのステップから成ります。

たとえば、左図のようなステップを踏みます。その結果、一次面接の候補が絞られてい

▶各ステップで合わなければ「NGボックス」へ

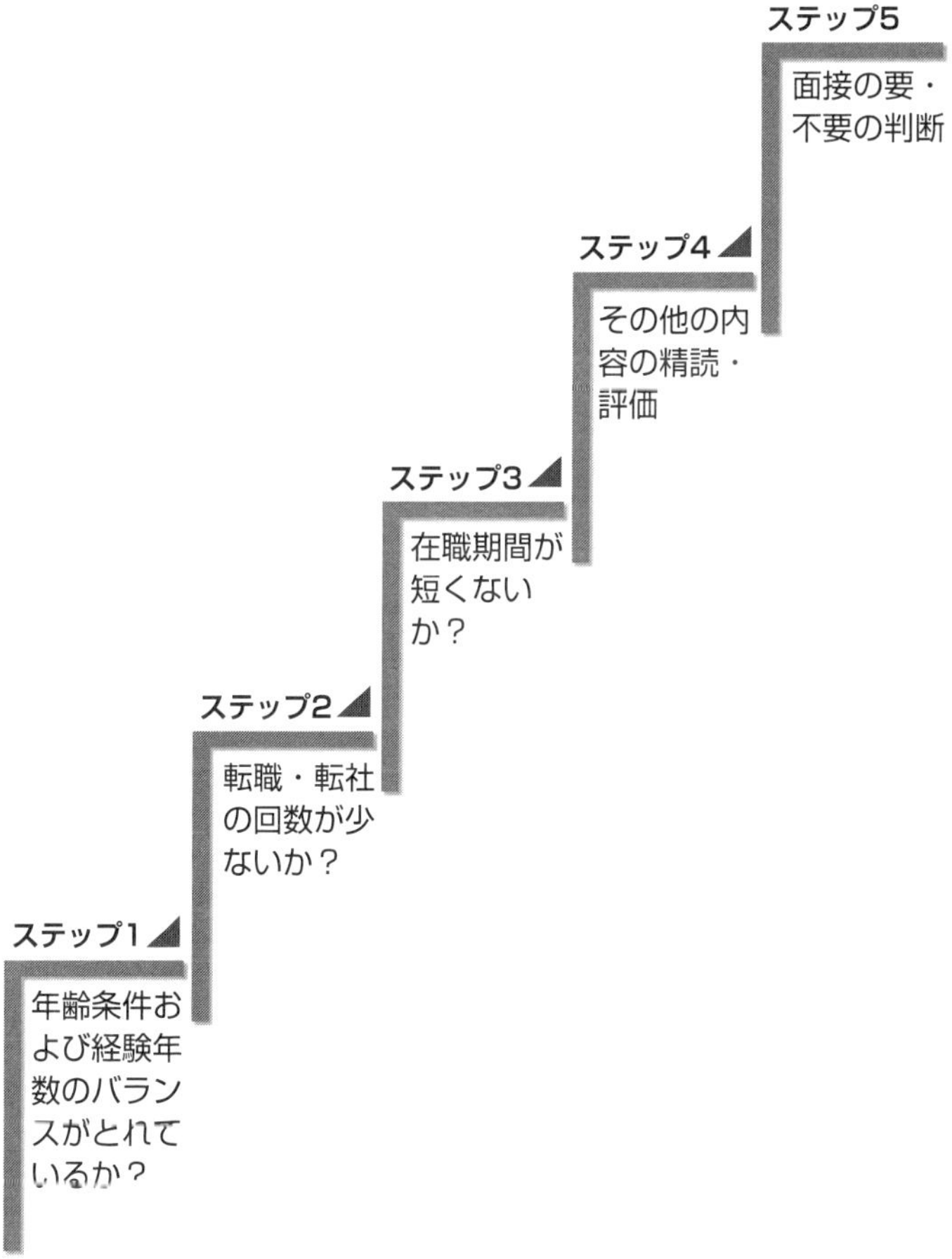
ステップ1
年齢条件および経験年数のバランスがとれているか？
ステップ2
転職・転社の回数が少ないか？
ステップ3
在職期間が短くないか？
ステップ4
その他の内容の精読・評価
ステップ5
面接の要・不要の判断

きます。

実際に一次面接の後、二次、三次と面接が重ねられて内定が出るという流れです。以上をスケジュールどおりに進めていくと、活動全体が完了するのにおよそ3か月はかかります。

ところが、条件破壊応募では、最初の段階をすっ飛ばすことができるのです。たとえば、一次面接が人事課長面接、二次面接が人事部長面接、三次面接が社長面接というステップを踏むところ、条件破壊応募では多くの場合、面接が決まればいきなり人事部長面接もしくは社長面接になるのです。

これは一般の応募者とは別の枠での採用活動になるためです。

②競争相手と比較されず、内定の可能性が高まる

第二に、面接が実現すると内定の可能性が大いに高まることです。その理由は、競争相手がいないからです。

一般的な採用プロセスでは、多数の応募者を蹴落として勝ち上がる必要があります。しかし、条件破壊応募で面接までたどり着けば、その時点で一般的な採用プロセスとは違ったものに変わっています。

▶条件破壊応募で起きる５つのメリット

①応募から二次面接、三次面接までの期間が短縮できる

②競争相手と比較されず、内定の可能性が高まる

③面接から内定までの期間も短縮できる

④地方の企業の場合はさらに内定が出やすい

⑤希少職種で内定率が高い

そこで判断されるのは、応募者自身の能力や人となりなどです。

40代・50代が求める仕事は「管理職」であることが多いだけに、条件破壊応募の場合には現職のマネジャーと比較されることがあり得ます。

とはいえ、たいていは現職のマネジャーに不満があるからこそ面接に呼ばれたのですから、応募書類に現われた人物像と実際が大きくかけ離れていなければ、それほど気にすることはないでしょう。

③面接から内定までの期間も短縮できる

第三に、面接から内定までの期間も短縮できることです。最初の面接から1週間ほどで内定が出るケースも珍しくありません。

あくまで私の経験則ですが、**条件破壊応募からの面接では、その場で内定が出ることもあります。**そこまでいかなくても、面接の回数は一般の応募者よりも確実に少なくなります。

④地方の企業の場合はさらに内定が出やすい

第四に、地方の企業に条件破壊応募を行なうと、首都圏の企業と比べて内定率が高いことです。

おそらく、**地方の求職者は条件破壊的な応募をほとんどしない**ことが関係していると思います。つまり、地方の企業の採用担当者は指定条件から外れた応募方法に慣れていないため、強烈な印象を受けるのです。

しかし、実際のところ、地方は首都圏に比べて圧倒的に求人が少なく、「条件破壊応募をしなければ求人はない」という状態です。

⑤希少職種で内定率が高い

第五に、特に「希少職種」への応募において、高い確率で内定を獲得していることです。

希少職種とは、専門性が非常に高く、求人がほとんど出ないような職種です。たとえば、特殊な機械を操作する技術者や、数少ない特殊な手技を持つ職人などがそうです。

まさに貴重な人材ですから、求人があれば正攻法でも簡単に内定が取れそうですが、現実は求人が見つからないですし、たとえ見つかっても他の応募者との競争になるので、うまくいかないようです。

ところが、関連する業種の企業に条件破壊応募をすると、簡単に内定が取れることがあります。そんな貴重な人材を見つけるのが大変なことを、相手もわかっているからです。

現在は人材を募集するほど困っていなくても、将来的に人材が不足することが目に見えている場合、多少のコストは度外視して、貴重な人材を確保したい、他社には行かせたくないという思いが働くのでしょう。

〝塩漬けマネジャー〟の後釜に入れる?

40代・50代の転職で求められる職階は、能力面でいっても、年収面からいっても、マネジャー職であることがほとんどです。しかし、「マネジャー職が求められるケースはそんなにあるのか?」と思う人も多いでしょう。

ここで、企業がマネジャーを外部から求めざるを得ない事情について、典型的なパターンを紹介します。

条件破壊応募で成功するパターンの一つが、〝塩漬け人事〟の案件を抱えている企業への応募です。

の応募です。

塩漬け人事というのは、たとえば親会社から子会社への出向社員で、数年後には親会社に戻ることが決まっている、建前ばかりの管理職ポストのことです。その人が有能であれば別ですが、マネジャーとして60点以下の能力だった場合（これが意外に多いのです）、後を引き受ける次のマネジャーが育っていないことがよくあるのです。

この場合に、該当部署のスタッフの昇格がむずかしいとなると、次善の策として他部署のマネジャー候補を横滑りで就任させることになります。しかし人材不足の現在、この方法もむずかしいとなると、仕方がないので外部から採用することになります。

ところが、そんな人材の採用にはコストがかかります。また、60点以上の能力がある人が必ず採れるという保証もありません。

むしろ、いずれは去る人でも、できるだけ長くポストに居続けてもらう〝現状維持〟が無難だと考えるようになります。

こうした「動かしたいけれど動かせない塩漬け人事の案件」を抱えているところに、いきなり横から「マネジャーをやらせてほしい！」と管理職経験者が申し込んできたらどう

▶“塩漬け人事”の案件

でしょうか。

詳しくは後述しますが、条件破壊応募の書類（具体的には送付状）には、必ずマネジャー職を希望する旨を書くようにします。そして本人の実績や能力、人物の魅力をアピールする「自己PR文」も添付します。

マネジャー候補として、それを読んだ採用担当者が一度会いたいと考えてくれる可能性は大です。

なにしろ、人材募集に関する手続きやコストが大幅に削減できるからです。

こうした塩漬け人事の案件は、多くの企業に見られます。

普通なら絶対に開かれることのない「面接への扉」を、条件破壊応募だけが開くことができるのです。

条件破壊応募の進め方と注意点

条件破壊応募では、自分の希望する職種の求人でありさえすれば、基本的に応募してよいことになります。

ただし、「勤務地」はどうしても動かせない場合があるでしょうから、〝制約条件〟になります。「休日」も、仮に条件交渉ができた場合でも変更はむずかしいので、制約条件になるでしょう。

とはいえ、制約はその程度のもの。あとは年齢にしろ、職歴にしろ、年収にしろ、何が求められていても全部無視して、応募書類を郵送すればよいのです。

この考え方に立てば、求人情報はあり余るほどあるといってよいでしょう。

条件破壊応募を始めると、それまで週に1～2社の応募もおぼつかなかった人でも、週に20社以上コンスタントに応募できるようになります。

「週に20社」というのは、私が転職支援プログラムの受講者に「ノルマ」として課す、標準的な応募件数です。

比較的求人が見つかりやすい人なら、30社以上に応募することも可能でしょう。面接の予定でスケジュールが埋まるまで応募を繰り返しますから、結果的に100社以上に応募していたというケースも珍しくありません。

もちろん、むやみやたらと、手当たり次第に応募するわけではありません。多チャンネルの情報源から求人情報を収集し、適切な求人企業に応募するわけですから、かなり人変な仕事になります。

応募書類づくりにしても、一つの雛形ですべてを間に合わせることはできません。相当に骨が折れる仕事です。

もしかすると転職活動中は、現職や前職よりも多忙になるかもしれません。それがまたよいところでもあります。応募件数のノルマが、つい休んでしまいがちな自分を奮い立たせてくれることがあるからです。

会社を辞めている人は、勤めていたときの自分を忘れずに、いつでも職場に出られるよう転職活動中はできるだけ忙しくしたほうがよいといえます。

もちろん、好きな仕事をしているときのようにはいきませんから、最初は特に苦しいでしょう。

条件破壊応募を始めてから2～3週間は、相手から一切反応がない場合がほとんどです。

▶活動開始から60日以内で転職するスケジュール

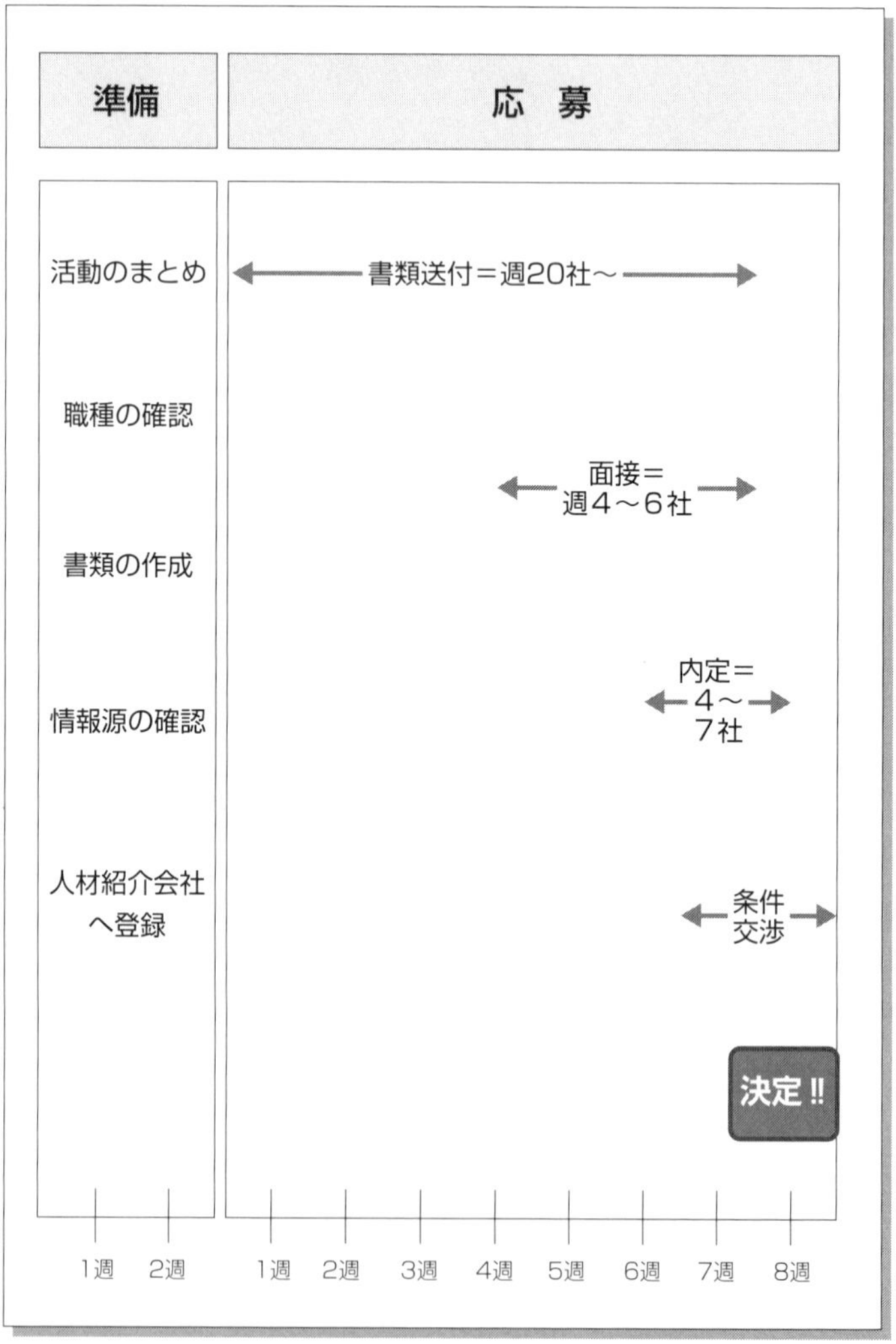

この間は先が見えないので、「自分のしていることが本当は無駄なのではないか？」といった疑念も生じます。

しかし、2週間を超える頃には、一つ、また一つと、面接の案内が届くようになります。そうなると、面接と面接の間に、求人情報の収集と応募を行なうというサイクルになるはずです。早い人で6週目で、内定の通知が届くようになります。

転職に成功するまでの目安は「60日以内」です。おおよそのスケジュール感は、右図のとおりです。

「リスト応募」は最後の手段

最後に「それでも応募先が見つからない」場合の対策について、ふれておきましょう。

希望する職種が特殊な場合や、こだわりのポイントが多い場合は、求人そのものが存在しないこともあり得ます。

そんなときに実践するとよいのが「リスト応募」です。これは、業界団体などのリストをつくって、求人のあるなしにかかわらず、条件破壊応募と同じやり方で応募書類を郵送する方法です。

リスト応募は、いわば〝飛び込み営業〟のようなもので、決して成功率は高くありませんが、大量の応募によって面接を引き寄せることができます。

条件破壊応募を行なっても、応募件数が週に20社に届かない場合には、リスト応募によって応募先を増やすことができます。

ただし、これは最後の手段だと考えてください。

第4章

40代・50代のための「応募書類」作成術

条件破壊応募では「書類」が成否を分ける

条件破壊応募で面接にたどり着くには「応募書類」が決め手となりますが、この章では、どんな書類をつくり、どのように送ればいいかについて説明します。

⦿一般的な転職支援のトレンドと正反対？

条件破壊応募は、他の就職本や転職支援サービスがすすめている方法と、コンセプトそのものが違います。

一般的な方法では、「これまでの経験をもとに、自分の強みをアピールする」ことが重要と考えられています。たとえば、いままで整理してこなかった自分の経験を、まず「棚卸し」し、そのうえで「強み」といえるポイントを探して、それを求人企業にうまくアピールする――これがキャリアコンサルティングのトレンドであり、スタンダードなコンセプトといえるでしょう。

しかし、条件破壊応募では、「採用側が欲しい人材（採用側が欲している職種に応えら

れる人材）であることをアピールする」ことを最も重視しています。

両者は似ているようで、実は正反対の考え方です。

自分の過去の経験とその解釈を述べるだけでは、なかなかライバルには勝てません。それよりも、相手の立場を考え、そのニーズを汲《く》んだうえで、自分に何ができるかを語るほうがはるかに効果的です。

これまでの自分の経験を採用側の視点から改めて解釈し、それを採用側に貢献できる根拠として伝えればよいのです。

◉応募活動に求められる2つのポイント

応募活動を行なううえでのポイントは主に２つです。

一つは、**「応募方法の指定を無視して郵送する」**ことでした。これは、**「ライバルのいない応募」**（開拓応募といいます）を行なうために、ぜひ取り組んでいただきたいことです。

もう一つは、**「条件破壊応募のコンセプトに則った応募書類をつくる」**ことですが、その際に**「必ず自己ＰＲ文を添付する」**ことが特徴です。「自己ＰＲ文」は、条件破壊応募では絶対に欠かせない書類になります。

もちろん、それ以外の応募書類も、採用側の事情を踏まえ、工夫を凝らさなければなりません。
　応募書類の構成は次のとおりです。

【6つの書類】

①送付状
②自己PR文
③履歴書
④職務経歴書
⑤作品例（クリエイター職などの場合）
⑥推薦状（用意できる場合）

　左図のように、①〜⑥の書類をクリアファイルにまとめ、封筒の中に封入します。その際、「送付状」から読んでもらえるように各書類を順番どおりにクリアファイルに入れるのが重要なポイントです。
　次から、具体的に応募書類のつくり方を見ていきますが、「自己ＰＲ文」については第5章で改めて説明します。

▶応募書類の構成

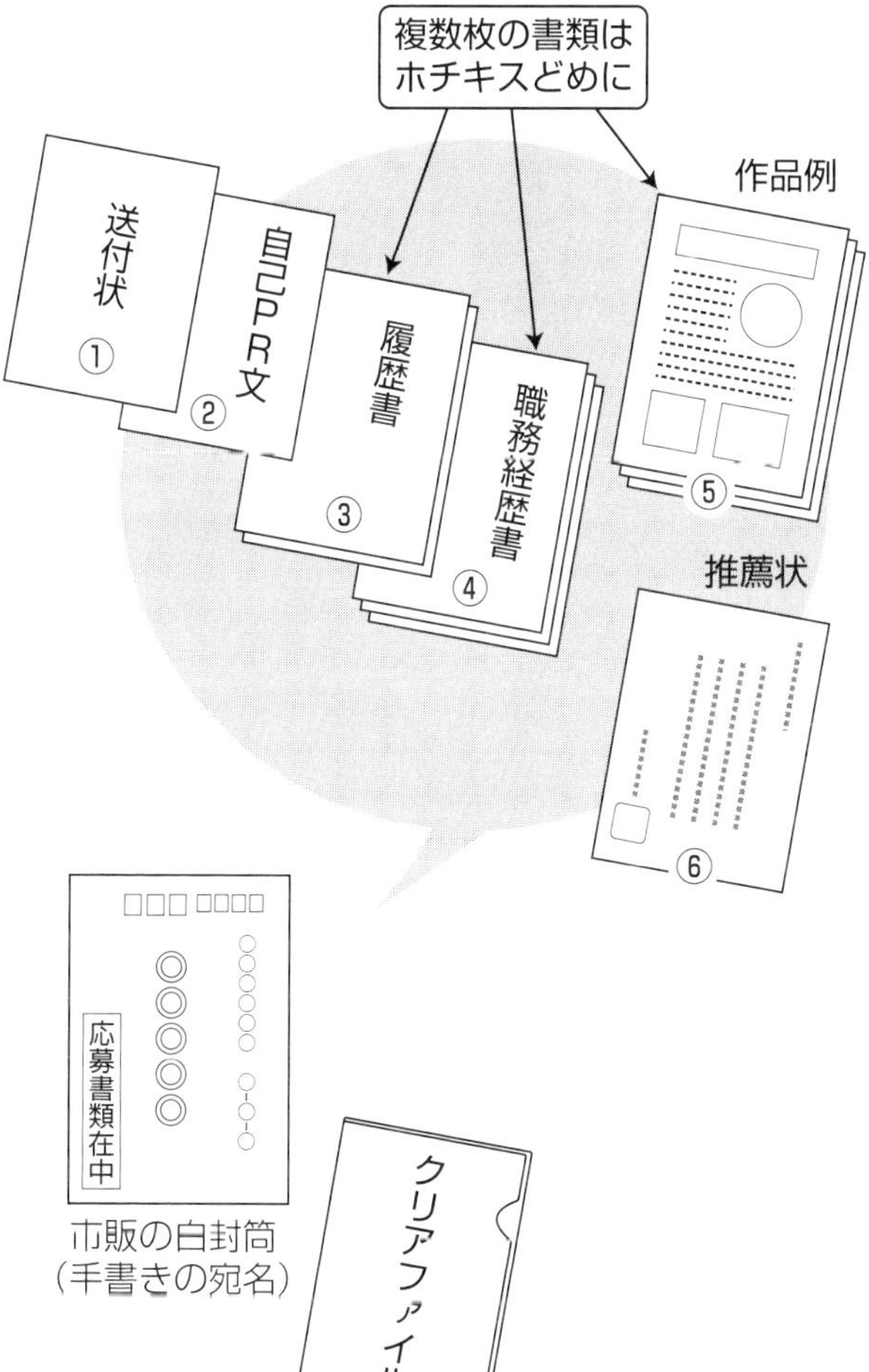

複数枚の書類は
ホチキスどめに
送付状
①
自己PR文
②
履歴書
③
職務経歴書
④
作品例
⑤
推薦状
⑥
応募書類在中
市販の白封筒
(手書きの宛名)
クリアファイル

書類1 条件破壊応募のための「送付状」の書き方

「送付状」（添え状ともいいます）を入れるのは、企業にモノを送るときの礼儀です。必ずA４の紙で作成します。

一般的な方法として、送付状に自己PRの内容を記すことをすすめている場合がありますが、実際の効果は限定的です。なぜなら、封筒と送付状（と考えられた書類）は、開封直後に捨てられてしまうことも少なくないからです。

捨てられてしまうモノに、大事な内容を記すのは得策ではありません。シンプルに〝挨拶〟を行なうだけにしたいものです。

とはいえ、条件破壊応募の送付状には大事なポイントがあります。それは、**「管理職として応募したい」という趣旨を必ず記しておくことです**（次ページ参照）。

40代・50代で一定以上の年収を得たい場合、平社員としての応募は少ないのではないでしょうか。「他の応募者と横並びでの応募ではない」ことを、わかってもらわなければなりません。

▶送付状の例

2013年６月20日

書類送付のご案内

○△◇株式会社
採用ご担当者様

山田　一郎

拝啓　貴社ますますご清栄のこととお慶び申し上げます。

この度、インターネットにて貴社の事務職募集情報を拝見し、ぜひ貴社の一員に加えていただきたく応募いたしました。今回は、できましたらマネジャー職として採用いただけましたらありがたく存じます。

下記の書類をお送りいたしますので、どうぞご査収いただき、よろしくお取り計らいくださいますようお願い申し上げます。

敬具

記

・履歴書
・職務経歴書
・自己ＰＲ文

以上

表現としては、「今回は、特にマネジャー職（または管理職）として応募させていただきたいと願っております」というようなもので十分です。

もちろん、「職種」は求人企業が希望している職種を記しますが、部長・課長などの「役職名」はあえて入れないようにします。ただし、「部下がいる役職」「チームの長としての役職」に対する応募であることは、ひと目でわかるようにします。

こうしておけば、送付状を目にした採用担当者は困ることになります。なぜなら、「募集は平社員だけなのに、管理職を希望している応募者」をどう扱えばよいか、自身の裁量では決めかねるからです。その結果、上司である人事部長などに直接書類を見せて、取り扱いを諮《はか》ってくれる可能性が高くなります。

送付状を見て、「普通の応募者とは違う」という印象を持てば、当然他の書類にも目を通そうとするでしょう。すると、通常はないはずの「自己PR文」が送付状の次に出てきます。その自己PR文に記してあることが採用の決定権を持つ人の興味を引くことができれば、ひとまず成功です。

採用側が自己PR文に興味を持って初めて、応募書類全体に目を通してくれるのです。その意味から、面接への扉に手をかけるのが「送付状」とすれば、扉をこじ開けるのが「自己PR文」、扉を大きく開いていくのが「他の応募書類」という位置づけになります。

書類2 条件破壊応募のための「履歴書」の書き方

採用側が「履歴書」に求めるのは、氏名、連絡先、学歴、職歴など、応募者の決まり切った項目の情報です。ですから、「規格外の書式」は敬遠されがちです。

そこで、まず「ＪＩＳ規格（日本工業規格）の履歴書」を入手しましょう。この履歴書のフォームは、インターネットで探せばすぐに見つかります。

たとえば、「ワード」用のフォームや「エクセル」用のフォームが、さまざまな企業や団体から無償で提供されているので、ダウンロードしてデジタルデータで手に入れることをおすすめします。

パソコンにダウンロードしたら、そのフォームを開き、空欄に入力してプリントします（102～103ページ参照）。

◉履歴書は手書きにすべき？

「履歴書は手書きが一番」という採用担当者も一部にはいます。転職コンサルタントの

年	月	学歴・職歴（各別にまとめて書く）

年	月	免許・資格
昭和62	10	実用英語技能検定２級合格
昭和63	3	中学１級高校２級社会科教員免許取得

志望の動機、特技、好きな学科、アピールポイントなど 貴社の事業に共感し、△△△株式会社でイベント企画および開催実務を担った経験を活かし、堅実で質の高い業務が行なえるスタッフの管理および育成ができるマネジャーを目指すことで、貴社に貢献したいと考えたため。 特技・趣味・得意科目など ・太極拳 ・TOEIC 688点	通勤時間 最寄り駅　JR線　[redacted]駅 約　1　時間　15　分	
	扶養家族数（配偶者を除く） 0　人	
	配偶者 ※　有・無	配偶者の扶養義務 ※　有・無

本人希望記入欄（特に給料・職種・勤務時間・勤務地・その他についての希望などがあれば記入）

▶履歴書フォームと入力例

履　歴　書

平成 25 年　6　月　20 日現在

ふりがな　やまだ　いちろう 氏　名　山田　一郎		写真をはる位置 写真をはる必要がある場合 1. 縦　36～40 mm 横　24～30 mm 2. 本人単身胸から上 3. 裏面のりづけ
昭和 40 年　4　月　15　日生（満　48　歳）	※ (男)・女	
ふりがな 現住所　〒[redacted] 東京都世田谷区○○○　○○マンション108		電話 [redacted]
ふりがな 連絡先　〒　（現住所以外に連絡を希望する場合のみ記入）		電話 [redacted]

年	月	学歴・職歴（各別にまとめて書く）
		学　歴
昭和56	4	○○県立○○高等学校入学
昭和59	3	○○県立○○高等学校卒業
昭和59	4	△△大学◇◇学部○○学科入学
昭和63	3	△△大学◇◇学部○○学科卒業
		職　歴
昭和63	4	株式会社△△△入社
昭和63	7	一身上の都合により退社
昭和63	10	○○○○株式会社東京本社　アルバイト社員として入社
平成 2	1	一身上の都合により退社
平成 2	2	株式会社□□□□入社
平成 9	3	一身上の都合により退社
平成 9	5	△△△株式会社入社
平成24	9	会社都合により退社

記入上の注意　1．鉛筆以外の黒又は青の筆記具で記入。　2．数字はアラビア数字で、文字はくずさず正確に書く。
3．※印のところは、該当するものを○で囲む。

中にも、そう主張する人がいるほどです。

しかし、デジタル機器が普及したこの時代に、事務系の仕事で手書きをすることはあまりありません。パソコンでワードなどによって文書を作成できるほうが、はるかに役立ちます。私は、いまどき手書きの履歴書を求める企業に明るい未来はないと考えています。

もちろん、どうしても勤めたい企業が手書きの履歴書を求めていれば、それに従ってよいですが、**特に指定がない場合はワードなどで仕上げるほうが得策です。**

ワードなどで履歴書を作成する利点はもう一つあります。それは簡単に変更ができ、必要なら何枚でも即座にプリントできることです。いうまでもなく、これは書類作成のための時間と労力の削減になります。

このことは、履歴書の話に限りません。応募書類全般にいえることです。

条件破壊応募では、週に数十通の応募書類を作成するのが普通です。しかも、求人に対して1秒でも早く書類を送付する必要があります。なにしろ、募集期間はおよそ1週間単位なのです。それに遅れてしまうとチャンスを逃します。書類作成をデジタル化し、効率化しなければ間に合いません。

履歴書フォームと入力例は102〜103ページに挙げたとおりですが、「志望の動機」や「学歴・職歴」などの欄に何をどう書くか、悩まないようにしたいものです。

⦿「志望の動機」をどう書くか？

「志望の動機」欄の書き方でよくありがちなのが、「私は〇〇が得意なので御社の△△に合致すると考えます」といった文章にしてしまうことです。「自分の強み」を表に出す一般的なやり方では、このようになりやすいのです。

中には、求人企業のサイトにある「企業理念」などのページから文章を引いて、『エコを目指す』『人にやさしい』といったコンセプトに『共感』して志望しました」と書く人もいます。

こうした〝紋切り型の表現〟は効果的ではありません。むしろ、採用側に「おもねる」メッセージとなり、かえって底の浅さを感じさせる場合があるからです。

一番説得力があるのは、やはり「自分の経験」です。それがどのように採用側の利益になるかを、コンパクトに記入すべきです。

次ページの一番上の例を見てください。

まず、「〇〇」には採用側の職種に見合う、あなたの職歴を記入します。

そして、「△△できる◎◎職を目指す」というのは、いわばキャッチフレーズです。「◎◎」には応募する職務のカテゴリーを記入しましょう。

シンプルなようですが、「志望動機の記述の骨格」はこれで十分です。

▶志望動機の記述の骨格

〇〇の経験を活かし、△△できる◎◎職を目指すことで、貴社に貢献したいと考えたため。

▶デイケア施設の事務長経験者が病院に転職したケース

■悪い例

私は現在、デイケア施設を複数経営する社会福祉法人にて、事務長を務めております。法人代表者である理事長の直下で、労務、人事、経理、行政対応、ご利用者対応等を行なっております。

在籍中は、固定残業制の導入について、企画から実施までを行ないました。また、銀行融資や納入業者との価格交渉等も経験しました。これらの経験を活かし、さらにステップアップしたいと考えております。

現在の住所から貴院まで距離がありますが、ご採用いただけることとなった場合には、転居したいと考えております。

▼

■修正例①（A病院用）

現在勤務している社会福祉法人では、事務長として、労務、人事、経理、行政対応等の仕組みづくりをほぼ1人で行なってきました。それらの経験を活かし、職員が最大限に力を発揮できる組織をつくる事務責任者を目指すことで、貴院に貢献したいと考えたため。

■修正例②（B病院用）

現在勤務している社会福祉法人では、事務長として、労務、人事、経理、行政対応等の仕組みづくりをほぼ1人で行なってきました。その経験を活かし、高い収益を上げる組織づくりができる事務責任者を目指すことで、貴院に貢献したいと考えたため。

実際には、職務経験の詳細や希望なども盛り込んでアレンジするとよいでしょう。

その下に、デイケア施設の事務長経験者が病院に転職したケースで、実際にその転職者が書いた「悪い例」を挙げました。これを読んで、どんな感想を持ちましたか？

文章が長すぎるだけでなく、「自分のステップアップ」を希望しているように読めてしまいませんか？　少なくとも相手のことを考えているとは思えません。

「修正例」では、労務管理に課題を抱えているA病院と、収益向上が課題になっているB病院で、表現を変えています。どちらも採用側の利益になることを記入しているのがわかると思います。

A病院とB病院の違い、つまり採用側の課題や職務内容の違いを、私は「方面の違い」と呼んでいます。

同じ職種でも、応募先によって複数の方面があるのが普通です。

たとえば、「営業職」に応募する場合、次のような採用側の方面の違いを考慮します。

・消費材を販売する企業か？　生産材を販売する企業か？

・有形のものを取引する企業か？　無形のもの（コンサルティングやサービスなど）を取引する企業か？

・法人を対象とするビジネスを行なう企業か？　不特定多数の一般消費者を対象とするビジネスを行なう企業か？

以上のような方面の違いを考慮し、特に志望の動機の欄を書き分ける必要があります。それぞれの方面で、1本ずつ文章を用意しておくのが理想的です。相手（応募先）ごとにつくるのではなく、方面ごとにつくるのがポイントです。同じ方面の企業には同じ文面が流用できます。

◉「職歴」をどう書くか？

次に「職歴」欄です。なお、「学歴」欄は特に問題はないでしょう。ありのままを書いてください。

転職回数が多い人、派遣社員や契約社員の経験が多い人は、職歴の欄にどう書けばいいか迷うかもしれません。

もちろん、入社・退社などの事実を省略してはダメですが、ネガティブなイメージにならないように見せるポイントがあります。

会社の移り変わりが多いことは「ウィークポイント」なのですが、それをカバーできる表現を押さえておきましょう。

《派遣時期で区切ってユニット化する》

人材派遣会社に登録して大手企業などに派遣された経験が多い人にありがちなのが、「派遣先の企業名を書く」ことです。派遣先企業は有名な企業である場合が多いので、書き連ねたくなるのはわかりますが、一見して転職回数が多い印象を与えてしまう欠点がありま す（次ページ参照）。

そこでどうするか。雇用契約は派遣元の人材派遣業者との間で交わしているので、それだけを日付入りで記入し、派遣先企業は日付なしでまとめると、印象が改善されます。

たとえば、「〇年〇月　㈱△△と契約し、以下の各会社に派遣社員として勤務開始」という一文を入れ、その下に派遣先企業を記入する方法がとれます。

《日付の欄はできるだけ空白に》

頻繁な転職を印象づけるのが「日付」です。この記述をなるべく少なくすれば、印象が弱まります。

会社の統廃合に伴う社名変更をいちいち日付を入れて書かないこと。この場合は、年月の欄を空白にして、「〇〇に会社名変更（〇年〇月）」とすればよいでしょう。

▶職歴の記述の悪い例①

年	月	
平成11年	11月	（株）○○に派遣社員として入社
平成12年	2月	同社退社
平成12年	3月	（株）××に派遣社員として入社
平成12年	3月	同社退社
平成12年	6月	□□（株）に派遣社員として入社
平成13年	2月	同社退社

▼

▶職歴の記述を修正した例（派遣社員の時期をまとめる）

年	月	
平成11年	11月	（株）△△と契約し、以下の各会社に派遣社員として勤務開始
		※主な勤務先
		（株）○○、（株）××、□□（株）……など
平成24年	3月	（株）△△との契約終了

▶職歴の記述の悪い例②

年	月	
平成10年	3月	（株）△△入社
平成15年	4月	営業部部長就任
平成18年	4月	（株）△△サービスへ出向
平成20年	4月	（株）△△システムへ出向
平成22年	4月	△△メンテナンス（株）へ出向
平成24年	2月	（株）△△退社

▼

▶職歴の記述を修正した例（子会社出向の時期をまとめる）

年	月	
平成10年	3月	（株）△△入社
		営業部部長就任（平成15年4月）
		（株）△△サービスへ出向（平成18年4月）
		（株）△△システムへ出向（平成20年4月）
		△△メンテナンス（株）へ出向（平成22年4月）
平成24年	2月	（株）△△退社

《子会社への出向もユニット化》

子会社への出向が何度もある場合は、「関連会社へ出向」と記入し、その後に年月を連ねれば十分です。

実際に移籍したわけではないのですから、これで社内での異動であるとすぐにわかります。

《退職理由はシンプルに》

退職理由をどう書くか迷う人も多いでしょう。しかし、職歴の欄で詳しい事情を書くことはできません。

ここではっきりさせなければならないのは、**退職が「自分の意思」だったか「会社側の都合」だったかだけです。**

「どちらかはっきりしない」ということはあり得ないでしょう。失業保険の給付を受ける場合に、最初に尋ねられることです。

つまり、**退職理由は「一身上の都合」「会社都合」の2つだけです。**それ以上の理由を書くのはむしろマイナス（NG）です。どちらか一つですから、迷うことはないと思います。

◉「本人希望」をどう書くか？

「本人希望」を記入する欄もありますが、ここには「何も書かない」あるいは『なし』と書く」のがおすすめです。

「本人希望の欄に自分のPRを盛り込むとよい」とアドバイスする転職コンサルタントがいます。しかし私の転職支援の経験では、ここに何かを書くと、それが「応募者の就職の条件である」と、採用側に解釈されてしまうリスクが高まるようです。

たとえば、「東京本社勤務を希望」と記入すると、「地方での勤務はできないのだな」と思われて、その時点でNGになることがあるのです。

年収や勤務地など、どうしても聞いてもらいたい希望があるなら、面接時あるいは内定後に話すようにしましょう。

応募書類上で「条件」と見なされかねない情報を記入しないこと。とにかく、面接にたどり着くことを目標にしなければなりません。

◉「通勤時間」をどう書くか？

「通勤時間」については、主に地方での転職活動の際に問題になることがあります。

1時間以上の通勤時間は、首都圏の企業では珍しくありませんが、地方の企業では交通

▶「志望の動機」欄に「特技・趣味」を追加した例

志望の動機 　貴社の事業に共感し、☆☆株式会社で100名を超えるスタッフを取りまとめて国際カンファレンスを開催、成功に導いた経験を活かし、大規模プロジェクトでも適切な人材アサインとスケジュール管理が行なえるプロジェクトマネジャーを目指すことで、貴社に貢献したいと考えたため。
特技・趣味・得意科目など ・ビリヤード ・サッカー2級審判員 ・読書 ・囲碁 ・剣道2段

費がかさむとして敬遠されてしまう場合があるのです。

そうはいっても、時間や経路を偽るわけにはいきませんから、素直に事実を記入するしかありません。

⦿「免許・資格」をどう書くか？

「免許・資格」については、できるだけたくさん盛り込みましょう。

ただし、レベル認定のある資格の場合、あまり下位の級の資格を記入するのは逆効果です。事務系の資格なら、「3級」より下は記入しないほうがいいと考えてください。

とはいえ、趣味や特技に関する免許・資格は話題づくりになるので、ぜひ記入したいところです。

たとえば、空手・柔道・剣道などの段、野球・サッカーなどの審判員資格、茶道・華道などの師範認定は、採用側の興味・関心を引くことが十分考えられます。最近は、コーチングの経験なども有利に働くようです。

そこでどうするか。「志望の動機」欄が少し余っているはずです。この欄は、単に空けておくのではなく、**2分割して、「特技・趣味」欄をつくり、そこに自分ならではの趣味・特技を記入するようにします**（前ページ参照）。

特技・趣味は、面接に至った場合の話題づくりに役立ちます。面接が盛り上がることがよくあるからです。

書類3 条件破壊応募のための「職務経歴書」の書き方

「職務経歴書」は、履歴書のようにフォーマットに決まりがありません。記述する内容は履歴書の「職歴」と一致しますが、同じことをそのまま書くわけではありません。

コンセプトとしては、前述したとおり、「採用側が欲しい人材」であることをアピールすることです。

▶職務経歴書の構成要素（その1）

平成○年○月○日現在

職務経歴書

山田一郎 やまだいちろう
昭和42年12月25日生 男性
〒999-0001 ○○県○○市○○123-45
電話：099-333-0001（FAX有）/携帯090-9999-9999
e-mail：○○@abc-net.jp

―― 基礎情報

■概要
平成○年に新卒で㈱○○○入社。主に○○を担当後、○○、○○を担当。その後、△△㈱、㈱□□を経て、現在㈱◇◇◇にて△△事業部に勤務。その間、一貫して○○○職としてAAA、BBB、CCCなどの実績を上げる。現在はより○○のできる管理職を目指して、転職活動中。

―― 概要

■職務経歴
●平成○年○月（株）○○○入社
　担当職務：○○を担当（H2.5）
　・職位：担当社員
　・実績：四半期目標６期連続達成
　担当職務：○○を担当（H13.5）
　・職位：アシスタントマネジャー
　・実績：チーム目標４期連続達成
●平成○年○月　（株）□□□入社
　担当職務：○○を担当（H15.5）
　・職位：担当社員

〈以下、職務経歴が続く〉

―― 職務経歴

■資格等
・昭和○年○月　普通自動車運転免許取得
・平成○年○月　○○○カウンセラー認定資格取得

―― 免許・資格

■得意な業務
・○○職における○○○の業務
・○○の調査、企画立案と実装、および検証
・上記のマネジメント業務
・○○○、○○○職における目標達成
・スタッフの教育・指導・育成

―― 得意業務

以上

▶職務経歴書の構成要素（その2）

1. 基礎情報（名前・連絡先・電話番号・住所など）
2. 概要（時系列の流れと、テーマに関わる経歴を抜き出して編集する）
3. 職務経歴（３つの記述法で記述する）
4. 免許・資格（履歴書と同じ）
5. 得意業務（箇条書きで５つを必ず挙げる）

もちろん、事実を記述するのですが、書き方、順序、まとめ方を工夫し、採用側が会社に貢献してくれる人材とイメージしてもらえるように編集する必要があります。

職務経歴書の構成要素は前ページおよび上図のとおりです。全体でA４の紙３ページ程度にまとめます。

①基礎情報

「基礎情報」は、単純に名前・連絡先・電話番号・住所などです。

当たり前と思うかもしれませんが、実は大半の人がこの項目を無視しています。

「履歴書にも送付状にもあるから、もう書かなくていいだろう」と思ってしまいがちですが、採用側にとっては、いま手にしている書類に連絡先があるほうが便利なのです。

少しでも読み手に配慮することが、書類選考の通過率を高めることにつながります。

②概要

「概要」には、あなたがどんな人物なのかを端的に記述します。経験やスキルの羅列になってはダメです。

できれば5行程度でまとめるとよいでしょう。

次ページのように、**時系列に従い、職務経歴の流れを追って記述しますが、採用側の事情や職種に関係する部分だけを抜き出して要約するのがポイントです。**

営業職に応募するのに、技術職としての経歴を記述する必要はありません。

履歴書の「志望の動機」と同様、方面ごとに1本ずつ用意しておくとよいでしょう。

なお、ここでも「**△△できる◎◎職を目指す**」という一文を添えておくと効果的です。

職務経歴書は「過去のこと」を記述することになるので、「未来のこと」を盛り込むことで、他の応募者と違った印象を採用側に与えることができます。

▶「概要」の記述例（上場企業への応募の場合）

平成○年に株式会社○○に入社し、主に販売促進業務を担当いたしました。その後、△△株式会社、株式会社□□および××株式会社に勤務いたしました。その間は、日々の仕訳伝票起票から期末決算業務の取りまとめに至る経理業務全般を行なってきました。決算時には、計算書類、キャッシュ・フロー計算書、有価証券報告書および法人税申告書の作成業務を行なってきました。また、株式会社□□および××株式会社においては株式公開前の経理業務（上場申請のための有価証券報告書の作成等）を経験しております。現在は上場会社に求められる経理部門の構築ができる管理職を目指して、就職活動を行なっております。

▶「概要」の記述例（非上場企業への応募の場合）

平成○年に株式会社○○に入社し、主に販売促進業務を担当いたしました。その後、△△株式会社、株式会社□□および××株式会社に勤務いたしました。その間は、日々の仕訳伝票起票から期末決算業務の取りまとめに至る経理業務全般を行なってきました。現在は成長中の企業に求められる経理部門の構築ができる管理職を目指して、就職活動を行なっております。

③職務経歴

「職務経歴」は、応募先ごと、担当業務ごとに変えて記述します。単に全経歴をすみずみまで書くのではなく、自分の経歴のポイントをわかってもらえるように「編集する」という意識を持ってください。

編集の仕方には次の3通りがあります。

・時系列にまとめる
・逆時系列にまとめる（新しいものから先に書く）
・業務別（営業職、経理職など）にまとめる

採用側の印象としては、書類の頭のほうが強く、あとになるに従って弱くなっていくと考えましょう。大切な部分、つまり採用側に伝えたいメッセージが最初にくるように構成します。

《3通りの方法から選択する》

具体的に見ていきましょう。

たとえば、「最初の会社では事務職を2年経験し、その後は技術職に移って15年、さら

▶3通りの方法から選択する

事務職への応募	営業職への応募	技術職への応募
時系列	逆時系列	業務別
・最初に勤めた事務職の経験（2年） ↓ ・過去の技術職の経験（15年） ↓ ・直近の営業職の経験（5年）	・直近の営業職の経験（5年） ↓ ・過去の技術職の経験（15年） ↓ ・最初に勤めた事務職の経験（2年）	・過去の技術職の経験（15年） ↓ ・直近の営業職の経験（5年） ↓ ・最初に勤めた事務職の経験（2年）

に営業職を5年やってきた」という人の場合を考えてみます。

一般的な「時系列にまとめる」方法では、「事務職」が一番前にきます。今回の応募が事務職に対するものならそれでよいでしょう。

しかし、営業職に応募するなら、「逆時系列にまとめる」方法で、「営業職」が最初にくるように並べ替えます。

もちろん、技術職に応募するなら、「業務別にまとめる」方法をとります。

順序とともにボリューム（行数）も大事です。**最も経験が長いのが技術職だからといって、経験の長さに応じた行数を書くわけではありません。**

異動が多い場合は当然長くなりがちです。できるだけ簡潔にしてボリュームを抑えるようにしましょう。

基本的には、一番前にくる職種のボリュームが大きくなるようにします。同じ職種でも「方面」によって書き方が異なりますから、履歴書の「志望の動機」と同様、方面ごとに書き分けておきます。

《職種の経験がない場合は？》

困るのは、応募する職種の経験がまったくない場合です。この場合は、**その仕事に求められる要素は何かを考えて、過去の経験の中から共通する職歴を挙げるようにします。**

販売管理の仕事なら、販売そのものの経験はもちろん、物品の流通業務の経験や、人事管理業務の経験などが関連しています。

何か共通の要素があるはずです。それを記述するようにします。

《悪い例と修正例》

122〜124ページに挙げた職務経歴の書き方の「悪い例」と「修正例」を見てください。

「悪い例」は、実は私の転職支援プログラムの受講者が、ハローワークでのカウンセリングをもとに作成し、ハローワークの職員から十分だと判断されたものです（一部改変しています）。

しかし、これでは書類選考を一度も通過することができませんでした。

▶書類選考を通過できなかった職務経歴の例

職務経歴書

[redacted]
〒 [redacted]
090-[redacted]
[redacted] ne.jp

―― 職務要約 ――

いままで日々の仕訳伝票起票から期末決算業務の取りまとめに至る経理業務全般を行なってきました。決算時には、計算書類、キャッシュ・フロー計算書、有価証券報告書および法人税申告書の作成業務も行なってきました。また、株式公開前の経理業務（上場申請のための有価証券報告書）を経験しています。

―― コアスキル（活かせる経験・知識・能力）――

・上場会社に求められる経理部門の構築
・上場申請のための有価証券報告書（Ⅰの部およびⅡの部）の作成および取りまとめ
・開示書類（決算短信および有価証券報告書）の作成および取りまとめ
・月次決算、四半期決算および期末決算の取りまとめ
・申告書（法人税および消費税）の作成

―― 職務経歴 ――

[redacted]株式会社　　2006年９月～2012年４月
経理部部長（部下７名）

株式公開関連業務
・上場申請のための有価証券報告書（Ⅰの部およびⅡの部）の作成および取りまとめ
・証券会社からの質問書に対する回答書の作成
・内部統制関係の書類（３点セット等）の作成
※大阪証券取引所JASDAQ（スタンダード）上場

経理業務全般
・仕訳伝票の承認
・月次決算、四半期決算および期末決算の取りまとめ
・計算書類および附属明細書の作成
・キャッシュ・フロー計算書の作成
・決算短信および有価証券報告書の作成および取りまとめ
・法人税申告書および消費税申告書の作成
・監査法人および税理士対応

株式会社[redacted]　　2003年１月～2006年９月
経理部（部長以下８名）次長（部下６名）

経理業務全般

●自分のスキルが中心
●経歴は逆時系列で、上場企業向けあるいは上場準備中の企業にはよいが、非上場企業ではポイントがわかりにくい

▶修正後の職務経歴の例（上場企業または上場準備中の企業向け）

職務経歴書

[redacted]
昭和[redacted]年[redacted]月[redacted]日生　男性
〒 [redacted]
電話 [redacted]（FAX有）／携帯 090-[redacted]
E-mail [redacted] ne.jp

■概要

平成４年に株式会社[redacted]に入社し、主に販売促進業務を担当いたしました。その後、[redacted]株式会社、株式会社[redacted]および[redacted]株式会社に勤務いたしました。その間は、日々の仕訳伝票起票から期末決算業務の取りまとめに至る経理業務全般を行なってきました。決算時には、計算書類、キャッシュ・フロー計算書、有価証券報告書および法人税申告書の作成業務を行なってきました。また、株式会社[redacted]および[redacted]株式会社においては株式公開前の経理業務（上場申請のための有価証券報告書の作成等）を経験しております。現在は上場会社に求められる経理部門の構築ができる管理職を目指して、就職活動を行なっております。

■経歴明細

[redacted]株式会社（平成18年９月～平成24年４月）
［事業内容］不動産販売［資本金］[redacted]億円［売上高］[redacted]億円［従業員数］[redacted]人
大阪証券取引所JASDAQ市場（スタンダード）上場

平成18年10月　経理部経理課　課長（部下３名）
平成19年３月　経理部次長に昇進（部下４名）
平成20年３月　経理部部長に昇進（部下７名）

（職務内容）
●株式公開関連業務
・上場申請のための有価証券報告書（Ⅰの部およびⅡの部）の作成および取りまとめ
・証券会社からの質問書に対する回答書の作成
・内部統制関連の書類（３点セット等）の作成
※平成23年３月　大阪証券取引所JASDAQ市場（スタンダード）上場
●経理業務全般
・仕訳伝票の承認
・月次決算、四半期決算および期末決算の取りまとめ
・計算書類および附属明細書の作成
・キャッシュ・フロー計算書の作成
・決算短信および有価証券報告書の作成および取りまとめ
・法人税申告書および消費税申告書の作成
・監査法人および税理士対応

●採用側のメリットが中心
●経歴は逆時系列で、上場企業向けに特化
●上場企業または上場準備中の企業にとって、業務の実績がわかりやすい

▶修正後の職務経歴の例（非上場企業向け）

職務経歴書

[redacted]
昭和[redacted]年[redacted]月[redacted]日生　男性
〒[redacted]
電話[redacted]（FAX有）／携帯 090-[redacted]
E-mail [redacted]ne.jp

■概要

平成４年に株式会社[redacted]に入社し、主に販売促進業務を担当しました。その後、[redacted]株式会社、株式会社[redacted]および[redacted]株式会社に勤務いたしました。その間は、日々の仕訳伝票起票から期末決算業務の取りまとめに至る経理業務全般を行なってきました。現在は成長中の企業に求められる経理部門の構築ができる管理職を目指して、就職活動を行なっております。

■職務経歴

株式会社[redacted]（平成４年８月～平成６年11月） ［事業内容］情報誌出版［資本金］[redacted]円［従業員数］[redacted]人
[redacted]株式会社（平成６年11月～平成13年12月） ［事業内容］上下水道機材、住宅設備機器卸売［資本金］[redacted]万円［売上高］[redacted]億円 ［従業員数］[redacted]人［最終職位］総務部課長補佐（部下１名）
株式会社[redacted]（平成14年１月～平成18年９月） ［事業内容］臨床試験の支援［資本金］[redacted]億円［売上高］[redacted]億円［従業員数］[redacted]人 東京証券取引所マザーズ市場上場［最終職位］経理部次長（部下６名）
[redacted]株式会社（平成18年９月～平成24年４月） ［事業内容］不動産販売［資本金］[redacted]億円［売上高］[redacted]億円［従業員数］[redacted]人 大阪証券取引所JASDAQ市場（スタンダード）上場［最終職位］経理部部長（部下７名）

■職務経験

職務内容	従事年数
【経理業務全般】	約17年
仕訳伝票の起票および端末入力	約７年
月次決算および期末決算業務（補助業務）	約７年
買掛金および経費の支払業務（手形、小切手および振込依頼書の準備）	約７年
経理部門のマネジメント	約10年
仕訳伝票の承認	約10年
月次決算、四半期決算および期末決算の取りまとめ	約10年
連結決算業務および子会社における経理業務の確認	約１年
計算書類および附属明細書の作成	約10年

- 採用側のメリットが中心
- 経歴は時系列で、非上場企業での実績が先
- 業務経験がわかりやすくまとまり、非上場企業の経理業務でどんな貢献ができるかがわかりやすい

「修正例」は、私の指導の下で、受講者の上場企業での経験をうまく採用側に合わせるように、上場・非上場企業用に書き分けたものです。

どこが違うか、比べてみてください。

また、ブロックとしてのボリュームも、採用側の印象を左右します。**採用側に注目してもらいたい経歴は行数を多めに、業務内容と関係ない経歴は行数を少なくするようにしましょう。**

繰り返しますが、採用側に伝えるべきメッセージは「あなた自身の強み」ではありません。採用側のメリットは何かを考え、それに関連する経歴を根拠として示すものとして職務経歴書を位置づけてください。

④免許・資格

「免許・資格」は、履歴書の「志望の動機」と同様に記述します。

履歴書と違って、分量を自由に変更できますから、さらに多くの免許・資格を書き込めます。

面接時の話題のきっかけになることを念頭に置き、幅広い内容を盛り込むとよいでしょう。

⑤得意業務

「得意業務」として書くべきことは、「自分が本当にやりたいこと」です。その中でも、採用側のニーズに合致する「仕事の種類」を推理して、箇条書きで5つ程度記述しましょう。

たとえば、「ソフトウェア開発」「マーケティング」「プロジェクトマネジメント」などを経験した人であれば、次のように記述します。

・ＩＴ関連市場調査、売上予測、ターゲティングなどの業務
・システム製品（ハード、ソフト）企画立案～開発管理の業務
・プロダクトマネジメント（製品管理、営業、営業支援等）
・ＷＥＢサービス企画立案～ディレクション
・以上のマネジメント業務

ここに「〇〇の能力に自信がある」「△△の意識が高い」などと、自分のセールスポイントを並べるのは逆効果です。あくまで採用側が求めているものに対応できることを示すため、どのような仕事かを具体的かつ明確に記述するようにしてください。

書類4 条件破壊応募のための「推薦状」と「作品例」

場合によっては、「推薦状」と「作品例」も、応募書類の一部として同封します。

◉「推薦状」はあると有利

応募書類に「推薦状」があると、採用側は軽率にNG扱いにできなくなります。たとえば、国会議員や地方議会議員の推薦状があると、書類選考がグンと通過しやすくなることがあります。

もちろん、応募先と取引がある企業や人物の推薦も効果的です。

推薦は、有名人、地元の名士、有名企業の高い役職の人などに限られるわけではありません。以前の会社の上司や、知人・友人といった身近な人の推薦は、自分の人となりが詳しく語れるだけに、あると有利になることもあります。

こうした人に雛形を用意して、推薦状の作成をお願いするとよいでしょう。内容は次のとおりです。

▶推薦状の例

推薦状

私は山田一郎氏を、貴社の業務に最大の貢献をするものと確信し、推薦いたします。

山田一郎氏は、その優れた資質をもって株式会社□□□在職中はほとんどの目標を達成いたしました。

貴社でも十分に力を発揮し、貴社に多大な貢献をすることは間違いありません。

何卒よろしくお願い申し上げます。

平成○年○月○日

東京都世田谷区○○○○

株式会社□□□　常務取締役　鈴木　太郎㊞

・標題
・推薦する意思の表明
・本人の優れたポイント
・「よろしく頼む」という旨の結びの言葉
・日付
・住所、氏名（肩書き）、印

中身はできるだけ短く簡潔な内容で、必ずA４の紙１枚以内にまとめます。タテ書き、直筆、押印のあるものが最適です。

推薦状を添付する応募者は全体の1割に満たないので、添付するだけで差別化要素の一つになります。

他の応募書類が本人からの情報な

のに対し、第三者の見方を示すことができるという点でも、意味があります。

複数の応募先にそれぞれ封入することができればそのほうがよいので、原本をカラーコピーしておくことをおすすめします。

ただし、推薦状があったからといって、どの応募先にも提出してよいということにはなりません。

推薦者によっては、「特定の会社には使ってよいが、他の会社には使ってはダメ」「同業他社の応募の場合はダメ」というような条件がある場合もあります。それに従って使わせてもらうようにしましょう。

最もよいのは、**あらかじめ「どこに出してもよい」という承認をとっておくことです。**推薦者と事前によく話し合うことが大事です。

⦿「作品例」は〝諸刃の剣〟

「クリエイター」（イラストレーター、デザイナー、ＷＥＢサイト制作者、編集者など）は、自分が過去に手がけた作品をまとめて一覧できる「作品例」を、応募の際に採用側から求められることが多いようです。

仮に求められていなくても、作品例を添付するのは作品のテイストが採用側の求めるものに合うかを確かめてもらう材料になります。

A4の紙で最大5枚程度にまとめるのがおすすめです。

ただし、作品例を添付するのは〝諸刃の剣〟であることを覚悟しておかなければなりません。

作品のテイストが採用側の求めるものと合わないと、書類選考で落とされるリスクがあるということです。

もっとも、作品のテイストが合わない企業に入社しても長続きしないので、早期に検討対象から外れるのは、かえってよいことだと考えましょう。

応募書類を送付する際の3つの注意点

最後に、応募書類をどのように送付するかを解説します。

①1秒でも早く郵送する

最も大事なことは、応募先を発見したら1秒でも早く応募書類を郵送することです。「第一希望の職種に応募してから第一希望の職種を応募する」というような悠長《ゆうちょう》なことはやっていられません。

求人情報が公表されたら、その瞬間からどんどんチャンスが少なくなると考えなければなりません。応募できる期間は長くて1週間です。その前に募集が打ち切られることも少なくないのです。

②応募書類はあらかじめ用意しておく

応募先を見つける前に、職種や方面に従って応募書類をあらかじめ用意しておきます。また、A4の紙を折らずに封入できる、少し大きめの市販の白封筒も購入しておきましょう。

応募先が見つかり次第、応募書類をクリアファイルに入れて、封筒に宛先を万年筆などで手書きして郵送します。赤字で「応募書類在中」と忘れずに書いてください（97ページ図参照）。

③メール便よりも郵便にする

現在では、宅配便業者が「メール便」サービスを提供しており、郵便よりも低料金で送付することができます。しかし、これはおすすめできません。

メール便の場合、いまのところ、採用側では相変わらず宅配便と同じ扱いになることがあり、郵便と仕訳の担当窓口が違うと、そこで時間がかかるケースが見受けられるからです。

郵便の場合は、従来から重要書類の受け取りによく使われてきたので、そのようなことは起こりません。

特に「人事ご担当様」のように封筒に記しておけば、人事部長のもとに直接届けられることも多いようです。

人事部長に開封してもらえばチャンスが増えるので、好都合です。

第5章

40代・50代のための「自己ＰＲ文」作成術

自己ＰＲ文は、「開拓応募」「差別化応募」に必須

この章では、応募書類の中で最も重要な「自己ＰＲ文」のつくり方を説明します。

条件破壊応募の場合、採用担当者が応募書類の送付状（添え状）を見て、「この人は募集していないのに管理職に応募している！」と衝撃を受けた後に目にするのが、この自己ＰＲ文なのです。

◉自己ＰＲ文の効果は？

自己ＰＲ文の効果とは何でしょうか。

一つは、採用担当者と採用の決定権を持つ人（人事部長など）の間をショートカットできることです。

採用担当者は応募書類（自己ＰＲ文）を手にして、どう対処してよいか迷い、「上司に相談を……」と考えてくれる可能性が高くなります。その結果、人事部長のもとに書類が渡ることになります。これで「書類選考」がバイパスできることになります。

人事部長が「面接してみたい」と思ってくれたらチャンスです。「ライバルのいない応募」（開拓応募）が現実になります。

条件破壊応募ではない応募でも、自己ＰＲ文があれば、書類上で他の応募者に大きな差をつけることができます。特に指定がない限り、自己ＰＲ文を添付する応募者はそう多くありません。この場合、自己ＰＲ文を添付すれば、それだけでライバルとの差別化が図れます。

しかも、一般的な応募者の自己ＰＲ文は、従来どおりの「自分の強み」を主張するパターンであり、「採用側が欲しい人材」に結びついていない文章になっています。**条件破壊応募では、「相手の利を説く」ことをコンセプトの中心に据えますから、書類選考で有利に働きます。**これこそが、もう一つの効果です。

通常の応募書類と差別化するように自己ＰＲ文をつくることにより、ライバルとの比較で優位に立てる可能性が高くなります。これを「**差別化応募**」と呼びます。

私の転職支援の経験上、応募者全体の上位１割には最低でも入れるようです。

「開拓応募」と「差別化応募」が、40代・50代の転職活動にはどうしても必要な要素になります。そう言い切るにはもちろん理由があります。

◉「共感」と「感動」が面接につながる

私の転職コンサルティング（直接指導の場合）により、90％超の人が、希望どおりの職種と年収で、60日以内に転職に成功しています。一般的な中高年の管理職の就職率はわずか6％程度（厚生労働省統計による）にもかかわらずです。

その大きな要因の一つに、**「書類選考の通過率の高さ」**が挙げられます。

私は、それまでどうしても書類選考を通らなかった人が、条件破壊応募のコンセプトに沿って自己PR文をつくり、応募書類に加えるようにした途端、面接の案内が舞い込むようになった事例をたくさん目にしてきました。

中には、「書類を送りさえすれば面接の予定が入る」という経験をした人も何人かいます。**特殊な事例ですが、「書類選考の通過率が8割以上」の人もいました。**

彼の場合、かつて政情不安のある国に駐在し、ビジネス上の交渉事に臨んだ際に誤解がもとで兵士から頭にマシンガンを突きつけられ、留置場に捕らわれて一夜を過ごしながらも、その交渉を成功させたという冒険譚を持っていました。

このエピソードを根拠に、**「だから、何があっても仕事をやり通す自信がある」**と自己PR文にまとめるとどうなるでしょう。

それを読んだ採用担当者は、少なくとも「会ってみたい」と思ってくれるでしょう。面

▶「共感」「感動」が人を動かす

兵士に
マシンガンを
突きつけられるが…
交渉成立
自己PR文
だから、
何があっても
仕事をやり通す
自信がある
採用担当者は「会ってみたい」と思う

接に呼び、実際に本人からその経験を語られれば、「ぜひその根性をウチの仕事でも……」と思うのは当然でしょう。

もちろん、ここまで特異な体験は誰でも持っているわけではありません。それでも、「苦しいところを切り抜けた」「むずかしいことに挑戦して良い結果が出た」という経験は、人それぞれに何かしらあるはずです。そこで考えたこと、がんばったことは、読み手に必ず伝わります。

人を動かすのは、何よりも「共感」「感動」でしょう。

相手に「この人と会ってみたい」「この人と話がしてみたい」と思ってもらえれば成功です。

自己ＰＲ文の構成要素と実例

「自己ＰＲ文の構成要素」から見ていきましょう。

【7つの要素】

①題名
②ＰＲポイント
③自信の理由を示す具体的なエピソード
④だめ押し
⑤入社後のイメージ
⑥面接要求
⑦結びの言葉

自己ＰＲ文は、単なる自分の経験や自慢の披露に終わってはいけません。「先方の何を

▶自己PR文の構成例（売上向上を目指す企業の場合）

【①題名】

売上を２倍にします。

山田　一郎

【②PRポイント】

私は貴社の売上を１年で２倍にする自信があります。

【③自信の理由を示す具体的なエピソード】

なぜなら、いままで支店長としてそれを達成してきた実績があるからです。

私の経験では、目標が達成できない最大の原因は、多くの場合、社員が仕事に情熱を持てなくなっていることでした。私は部署の１人ひとりと個別面談を繰り返し、問題点と課題を行動レベルに落とし込んでいく作業を徹底して行ないました。面談の繰り返しによって、社員は自分を認められる喜びを感じ、自分の能力に気づき、持てる力を最大限に発揮しようと、心から思うようになりました。

結果として、私は前職で支店長になってから約１年後に、昨年対比で２倍の売上実績を達成いたしました。

【④だめ押し】

私はこのような方法を管理職として数え切れないほど実践してきました。よって、どのような資質の社員であっても、必ず目標をクリアさせる自信があります。

【⑤入社後のイメージ】

貴社に採用されましたら、私の経験で得たノウハウを最大限に発揮し、また、新しいことにもどんどんチャレンジして、必ず目標を達成し、貴社のために十分な貢献ができると自負しています。

【⑥面接要求】

つきましては、まずは面接をしていただき、私の自負の真偽をぜひ直接確かめていただきたいと思います。

【⑦結びの言葉】

お返事をお待ち申し上げます。

以上

▶**自己PR文の構成例**（株式上場を狙う企業の事務職の場合）

経理部門を構築します。

山田　一郎

株式上場企業に求められる経理部門を構築する自信があります。

なぜなら、それを達成した実績があるからです。

私は前の会社およびその前の会社においては、株式上場前の段階で入社しました。通常の業務を行ないつつ経理部門の問題点を洗い出し、業務の効率化を図りながら適正な経理処理を行なうことができる体制づくりを進めました。上場申請書類、内部統制関連の書類および証券会社に対する回答書の作成などと並行して行なったため、業務全体のボリュームとしてはかなりのものとなりました。

最も苦労した具体的な出来事は、ある会社における最初の決算業務です。数字の算出基礎となる受注案件のデータが不備だらけの状態でした。二重計上されているもの、計上が漏れているもの、前期に業務が終了しているもの（売上高の計上が終了しているもの）、受注金額が誤っているもの、および進捗率の誤っているものなどが多数存在している状態であり、売上高関係はもちろんのこと、受注残高関係についても算出できるような状態ではありませんでした。

私は他の部署（契約関係を行なう部署および実際に現場で業務を行なう部署など）に協力を求め、確認したい案件の一覧表を作成し、その確認業務を依頼しました。

また、経理課内においても、課員とともに前期決済時のデータや契約書等を参照して受注関係のデータの整備に努めました。気の遠くなるような業務でしたが、睡眠時間や休日を犠牲にして頑張り、なんとかそれなりに正しい売上高および受注残高関係の数字の算出を可能にしました。

私は上記のようなことを重ね、株式上場企業に求められる経理部門を構築してきました。

貴社に採用されましたら、経理関係の知識およびいままでの経験に基づき、株式上場企業に求められる経理部門を構築し、貴社の繁栄に十分な貢献ができると自負しています。

つきましては、まずは面接をしていただき、私の自負の真偽をぜひ直接確かめていただきたいと思います。

何卒、よろしくお願い申し上げます。

以上

解決できるのか」「私を採用すればどんなトクがあるのか」が基本コンセプトです。

たとえば、採用側の企業の課題が「営業活動の強化」と考えるなら、「私は御社の売上を2倍にする自信があります。それは次のような経験を持ち、このような実体験をしてきたからです」というような「ストーリー」を記します。

もちろん、虚構のストーリーではダメです。実体験に基づくストーリーだけが、相手の心を打ちます。

ストーリーは応募先の事情によっても変わります。「株式上場を狙う企業」に事務職で応募するなら、「上場に伴う経理部門の業務見直し・再構築ができる人材であるかどうか」が、判断の決め手になる可能性が高いはずです。

応募先の事情がわかれば、139〜140ページの「自己PR文の構成例」のように、自己PR文をその事情に合わせてカスタマイズして作成するとよいでしょう。

自己PR文を作成するための6つのステップ

「そうはいっても、都合のいいストーリーなんかそうそう浮かんでこない」と思うかも

▶自己PR文を作成するための6つのステップ

- ステップ1　自分のプラスの確認（10分程度）
- ステップ2　採用側が求めていると思われる人材像の確認（10分程度）
- ステップ3　ＰＲポイントの確認（10分程度）
- ステップ4　自分を採用したときの採用側のメリットを考える（5分程度）
- ステップ5　実際に作文する（30分程度）
- ステップ6　全体の構成の確認

しれません。

しかし、40代・50代だからこそ、これまで積み上げてきた経験や知識の中に、必ずストーリーがあるはずです。それを見いだせばいいのです。

最初からすらすらとストーリーが出てこないのは当たり前です。

そこで、ストーリーを引き出す方法があります。

私はその方法を、直接指導や体験型セミナーを通してアドバイスしています。

「自己ＰＲ文の作成演習」では、上図のような6つのステップを用意しています。

なお、これは希望の職種が決まっている前提で進めます。

〈ステップ1〉自分のプラスの確認

まず、「自分のプラス」の確認を行なってください。

たとえば、次に挙げる項目について、10分程度で、数行でも構わないので実際に書き出してみます。

1. 長所について
2. 仕事上の実績について
3. 仕事で燃えたこと
4. 絶対負けないこと（仕事に限らない）
5. 仕事上のこだわり、譲れない事柄
6. 成し遂げたい夢
7. 人に助けられたな……と思う出来事

実は、これらは面接で聞かれる定番の項目でもあります。

考えすぎると1日がかりでもむずかしいのですが、とにかく思いついたままに、すばやく書き終えるようにしましょう。書き終えたら、次のステップ2に移ります。

▶〈ステップ1〉自分のプラス

希望職種：

1．長所について

2．仕事上の実績について

3．仕事で燃えたこと

4．絶対負けないこと（仕事に限らない）

5．仕事上のこだわり、譲れない事柄

6．成し遂げたい夢

7．人に助けられたな……と思う出来事

〈ステップ2〉採用側が求めていると思われる人材像の確認

次に、ステップ1で考えたのとまったく同じ項目（1.～7.）について、「採用側が欲しい人材ならどう答えるか」を推理していきます。

自分事でなく、立場を変えて、客観的に採用側が求めている人材像をイメージすることになります。

ステップ1とまったく同じ項目でも、視点を変えて眺めると、そこで初めて気がつくことが多いものです。

実際に「仕事ができる人」になったつもりで、やはりこれも10分程度で書き出してみましょう。

ちなみに、7.の項目（人に助けられたな……と思う出来事）は、

「ピンチになったとき、誰がどう助けてくれるか」

というように言い換えてみても結構です。

▶〈ステップ2〉採用側が求めていると思われる人材像

希望職種：

1．長所について

2．仕事上の実績について

3．仕事で燃えたこと

4．絶対負けないこと（仕事に限らず）

5．仕事上のこだわり、譲れない事柄

6．成し遂げたい夢

7．人に助けられたな……と思う出来事（ピンチになったとき、誰がどう助けてくれるか）

〈ステップ3〉ＰＲポイントの確認

ステップ1の「自分のプラス」（144ページ）と、ステップ2の「採用側が求めていると思われる人材像」（146ページ）を比べてみてください。

一致する項目・内容があれば、それが自己ＰＲ文の「ＰＲポイント」になります。このＰＲポイントを見いだすことが、自己ＰＲ文の作成における最大の課題といってよいでしょう。

通常、受講者は2つか3つのＰＲポイントを見つけることが多いようです。

その中から一番自信があるものを一つ選び、1行の文章（キャッチフレーズ）で表現してみます。

たとえば、「私は目標を設定したら絶対に達成します」といった文章です。

それから、そう考える根拠になった自分の経験（エピソード）を10分程度で書き出してみてください。文章でも箇条書きでも構いません。

ただし、書き出しながら「ストーリー展開」を考えます。たとえば、「このような市場背景があった」→「会社がこういう状態になった」→「対策として自分はこうした」→「よい結果につながった」といったような流れになります。

これが、自己ＰＲ文の「自信の理由を示す具体的なエピソード」の骨子といえます。

▶〈ステップ3〉PRポイント

■自分のPRポイント

■エピソードを書いてみましょう
PRポイントに関する出来事をストーリー風に……

・

・

・

・

・

・

中には、ステップ1と2で一致するものがない、つまりPRポイントが見つからない人もいるでしょう。

そういう人は、そもそも応募先の職種に自分の経験がマッチしていないか、あるいは応募先の企業や業界を理解していないからかもしれません。

特に未経験の職種に応募する場合はこのようになりがちです。

そんな場合でも、ステップ1の「自分のプラス」から選んでとりあえず書いてみます。続いて、それに関連づけて過去の経験を思い出して書いてみてください。

少なくとも7.の項目（人に助けられたな……と思う出来事）は、必ず何か思い当たることがあるはずです。

〈ステップ4〉自分を採用したときの採用側のメリットを考える

「PRポイント」が明確になったら、今度はその内容で自分が力を発揮したときに、採用側にどんなメリットをもたらすかを考えます。ここでは、5分程度で書き出してみましょう。

その中で、最も大きなプラスになる現象を一つ選び、自分の視点から文章化してみてください。

▶〈ステップ4〉自分を採用したときの採用側のメリット

■「PRポイント」の内容で力を発揮したときに採用側に起こる現象（具体的に）

・ ・ ・ ・

■上の現象を１つ選択

▼

私が［　　　　　　　　　　］します。

▼

［　　　　　　　　　　］します。

＝

自己PR文の題名

たとえば、「私が○○という現象（売上拡大、管理体制の最適化……など）を起こします」といった文章です。

そのうえで、装飾的な文言はバッサリ切り捨てて、コンパクトで直接的な表現にします。これが、自己ＰＲ文の「題名」になります。

「売上を2倍にします」など、ＰＲポイントをインパクトのある形で表わす題名は、いきなり思いつくものではありません。それなりのステップを踏む必要があります。

この時点で、ようやく自己ＰＲ文を作成する準備が完了します。

〈ステップ5〉実際に作文する

いよいよ、Ａ４の紙１枚におさまるように作文していきます。139～140ページの「自己PR文の構成例」を参考にしながら書き進めてください（30分程度）。

「だめ押し」は、ＰＲポイントをもう一度念押しするためのものです。

ＰＲポイントとだめ押しで、自信の理由を示す具体的なエピソードをサンドイッチする格好になります。これにより、ＰＲポイントが強く印象に残ります。

「入社後のイメージ」は、実際に採用側のメリットを実現している自分の姿です。

たとえば、「貴社に採用されましたら、私は○○を△△することにより、貴社の繁栄に

▶〈ステップ5〉実際に作文する

題名

十分な貢献ができると自負しております」という表現がおすすめです。

そのあとに、必ず「面接要求」を入れます。

たとえば、「まずは面接をしていただき、私の自負（またはＰＲポイント）の真偽をぜひ直接確かめていただきたいと思います」という表現がよいでしょう。

さも「採用してください」と言わんばかりの表現になってしまうと、採用側がリスクを感じて、面接に呼ばないことがあり得ます。「真偽を確かめてほしい」という提案であれば、採用側はリスクを感じないので、面接に呼ばれやすくなります。

「結びの言葉」は、「お返事をお待ち申し上げます」「何卒よろしくお願い申し上げます」などの定型表現で十分です。

〈ステップ6〉全体の構成の再確認

ひと通り自己ＰＲ文が書けたら、全体の構成を再確認します。自己ＰＲ文の構成要素が順番どおりに揃っているかどうかをチェックしましょう。

応募先の企業の採用担当者、あるいは社長になったつもりで読んでみてください。採用側が興味を持ってくれるかどうか、面接に呼んでみたくなるかどうかを考え、必要なら訂正し、自信が持てる自己ＰＲ文にリライトしましょう。

▶〈ステップ6〉全体の構成の再確認

自己PR文の例	各ブロックのテーマ
売上を２倍にします。 山田　一郎	①題名 （ステップ４で作成）
私は貴社の売上を１年で２倍にする自信があります。	②PRポイント （ステップ３で作成）
なぜなら、いままで支店長としてそれを達成してきた実績があるからです。 私の経験では、目標が達成できない最大の原因は、多くの場合、社員が仕事に情熱を持てなくなっていることでした。私は部署の１人ひとりと個別面談を繰り返し、問題点と課題を行動レベルに落とし込んでいく作業を徹底して行ないました。面談の繰り返しによって、社員は自分を認められる喜びを感じ、自分の能力に気づき、持てる力を最大限に発揮しようと、心から思うようになりました。 結果として、私は前職で支店長になってから約１年後に昨年対比で２倍の売上実績を達成いたしました。	③自信の理由を示す具体的なエピソード 〈過去の出来事〉 （ステップ３で作成）
私はこのような方法を管理職として数え切れないほど実践してきました。よって、どのような資質の社員であっても、必ず目標をクリアさせる自信があります。	④だめ押し 〈念押しを強く短く〉 （ステップ５で作成）
貴社に採用されましたら、私の経験で得たノウハウを最大限に発揮し、また、新しいことにもどんどんチャレンジして、必ず目標を達成し、貴社のために十分な貢献ができると自負しています。	⑤入社後のイメージ （ステップ５で作成）
つきましては、まずは面接をしていただき、私の自負の真偽をぜひ直接確かめていただきたいと思います。	⑥面接要求 （ステップ５で作成）
お返事をお待ち申し上げます。 以上	⑦結びの言葉 （ステップ５で作成）

実際に、自分ではその完成度が判断・評価しにくいものです。ですから、家族でも友人でもよいので、誰かに読んでもらい、感想や意見を取り入れながら手直しすることをおすすめします。

第6章

40代・50代のための面接突破術

条件破壊応募から面接までの流れは？

この章では、条件破壊応募により書類選考を通過し、採用側から面接の案内が届いて、実際に面接に臨む際の対応について説明します。

◉採用に大きな影響力を持つ人が面接を担当

条件破壊応募によって実現する面接は、一般的な面接と異なる特徴があります。それは、「採用側の期待値が高い」ことです。

採用側は、開拓応募（ライバルのいない応募）のうえに、自己ＰＲを自分たちの利益にからめて行なってきた応募者に対して、ぜひ会って話をしたいと考えています。そのため、面接の仕方そのものが一般的な面接のそれと違ってくるのです。

まず、**面接担当者が違います。**最初から人事部長や担当役員、あるいは社長が臨席し、いきなり採用の可否を決める（つまり、最終面接になる）こともよくあります。

次に、**面接での話題の種類や質が違います。**

▶一般的な応募から面接までの流れ

書類応募
- 人事部門担当者

↓

一次面接
- 人事部門係長／課長

↓

二次面接
- 人事部門部長

↓

三次面接
- 人事部門部長、社長、取締役、業務部門部長など

▶条件破壊応募から面接までの流れ

書類応募
- 人事部門部長

↓

面接
- 人事部門部長、社長、取締役、業務部門部長など

一般的な一次面接では、「あなたの強みは何ですか?」や「前職について教えてください」などの定型的な質問が行なわれ、会話が盛り上がったとしても、制限時間内に終わるのが普通です。

ところが、条件破壊応募からの面接では、いきなり「ウチの課題は営業なんだ」と〝ぶっちゃけ話〟が面接担当者から飛び出すことも少なくありません。

応募書類によって、面接担当者はすでに応募者の人となりや経験などの情報を得ています。「課題について話ができる人間」として「会いたい」と思ったから、面接に呼んでくれたのです。

だからこそ、採用側の課題や将来の方向性などについて、面接担当者（人事部長や担当

役員、社長など）とフランクに会話ができます。しかも、会話が盛り上がれば盛り上がるほど、時間が延長されていきます。

これは、条件破壊応募からでない一般的な面接では期待できないことです。

◉最初から核心をついた相談になりがち

条件破壊応募からの面接では、警察の取り調べのようなやり取りになることは少ないものです。

たとえば、第3章で紹介した〝塩漬け人事〟に悩んでいる中間管理職が面接を担当する場合、課題となっている部署の目標・実情や、メンバー構成、予算（人件費も含めて）、事業の将来イメージなどを、本音で語ってくれることがあります。

その中で、入社後の当面の役職や業務、その後のキャリアプラン（つまり、塩漬けになっている管理職ポストが空くまで、あるいは空いた後の処遇）など、突っ込んだ話も行なわれます。

時には、年収の見込みなどの具体的な条件についての話も出てくるでしょう。

私の転職支援の経験からいって、**面接でその担当者と「会話が弾む」「笑顔が出る」「冗**

談が出る」と、内定も出ることが多いようです。

条件破壊応募だからこそ、こんな面接が実現します。そのチャンスを逃さず、確実に面接から内定につなげるようにしなければなりません。

そのためにおすすめしているのが、次の3つの実践です。

①「想定問答集」を用意してロールプレイングを行なう
②面接の際に自分から「2つの質問」をする
③採用側から出てくる「条件」はすべて〝丸呑み〟する

どういうことか、具体的に説明していきます。

実践1 「想定問答集」を用意してロールプレイングを行なう

面接の場で思いがけない質問をされて、「しどろもどろ」になってしまい、言いたいことも言えずに終わってしまうことがありませんか？

そんなことがないようにするには、**ありがちな質問を予想し、その回答をあらかじめ考えておくことです。**

具体的には、「想定問答」を考え、実際に相手がいる状態で「ロールプレイング」を行なうことですが、その結果、自分に自信がつき、面接の場で落ち着いて会話ができるようになります。

面接時の想定問答は、就職本にたくさん載っていますから、それらを参考にして自分自身で作成することをおすすめします。

質問はともかく、回答は就職本に載っているものの引用ではダメです。自分自身で回答を考え、用意することが肝心です。

ただし、いくら良い回答でも、通りいっぺんの常套句《じょうとうく》の丸暗記ではすぐに底が割れてしまいます。

また、家族や友人に頼んで、面接官役を引き受けてもらい、実際に面と向かって声を出して話してみる（ロールプレイング）のも大事です。相手がどう反応するかによって回答を修正・改善することで、回答に深みが加わります。

◉質問に対して「3段階」で回答を用意

40代・50代の応募者が面接で必ず質問されることがいくつかあります。それらに対する回答は必ず用意しておきましょう。

このとき、「回答の組み立て方」に注意が必要です。例を挙げて説明します。

質問例①

「なぜ前職を辞められたのですか？」

悪い回答例

「会社の業績が悪くなり、希望退職者の募集がありました。私は前の会社の保守的な経営方針に疑問を感じておりましたので、もっと規模の大きい会社で新しいやりがいのある仕事をしたいと思い、この機会に転職を決意しました」

良い回答例

「前職の会社よりも規模の大きい会社経営に関与できる能力を身につけたいと考えたからです。

多くの人に必要とされ、頼りにされる人間になりたいというのが、私の長年変わらない希望です。より規模の大きな会社で、経営幹部として責任ある立場で頑張ることが、その目標に近づく道だと考えています。

より大きな社会貢献をするためには、御社のように広い地域でたくさんの顧客を相手にしたビジネスが展開できる組織が重要だと考えています。

その組織を適切に管理し、戦略的に動かせば、多くのお客様に喜ばれ、また社員も幸せを感じられる仕事がいま以上にできると思っています。

これまでの経験からそのような働きができることには自信を持っていますが、前職の会社ではもともとの規模が限られていたため、かないませんでした。御社でこそ私の願いがかなえられると考えています」

「悪い回答例」と「良い回答例」を比べると、言葉の数がもちろん違いますが、話（回答）の組み立て方が違っています。

良い回答例では、「3段階」の構成になっています。まず「結論」を言い、次に「やや具体的な説明」、最後に「詳細な説明」を行なっています。これは説得力のある論法です。

また、悪い回答例では、自分の都合や前職の都合を説明するだけになっていますが、良い回答例では、**採用側にとってどんなメリットがあるのか、どれだけ役立つのかに重きを置いた説明になっていること**に注意してください。

はっきり言って、面接担当者は応募者の事情や意気込みにあまり関心はありません。**一番知りたいのは、「どんな貢献をしてもらえるか」という部分です。**

それ以外には、リスクを避けるために、「何か問題を起こして辞めたのではないか」（同じ問題を起こすのではないか）や、「前職で低評価をつけられてリストラされたのではないか」（仕事効率の悪い人なのではないか）という部分が知りたいだけです。

相手が知りたい部分に対して答えられるように、回答を練り上げておく必要があります。

もう一つ例を紹介しましょう。

質問例②

「当社に入社したいと思われた理由は何ですか？」

悪い回答例

「御社のサイトで『顧客に密着したサービスで地域を活性化』というスローガンを拝見し、共感いたしました。私は常々サービス業はお客様あってのものと心得て、前職でも顧客に寄り添い、あらゆる面からサポートしていくことを実践してきました。また、生まれ育ったこの地域に何らかの貢献ができるなら幸いと考え、応募させていただきました」

良い回答例

「御社がサイトで表明しておられる地域行政と共同でのサービス施設運営に将来性を感じたからです。

もともと私はこの地域で生まれ育ち、地域の自然も人柄も大好きです。常々この地域の人々に貢献できる仕事がしてみたいと思ってきました。御社の取り組みとこの思いは、同じ方向性を持っていると思います。

私は営業マンとして長年働いてきた経験から、人とのコミュニケーションがスムーズにできて良い関係が築けるスキルはあるつもりです。

そこで御社のように地域に密着したきめ細かいサービスを提供されている会社なら、私自身もコミュニケーションスキルをもっと磨いて成長でき、ひいては御社の今後の事業展開に貢献できると考えました」

悪い回答例では、「企業スローガン」をサイトから引用するという〝紋切り型の表現〟

▶想定質問例（基本バージョン）

自己紹介	簡単に自己紹介してください。
自己認識	あなたの長所・短所を教えてください。
応募理由	なぜ当社に応募されたのですか？
業界の志望理由	なぜ当業界を志望されたのですか？
前職の内容	直近の仕事を詳しく教えてください。
貢献できる内容	あなたを採用したときのメリットを教えてください。
自己ＰＲ	最もＰＲしたいことは何ですか？
年収希望	ご希望の年収を教えてください。
入社時期	いつから勤務できますか？

▶想定質問例（応用バージョン）

管理職経験	マネジャーの経験はありますか？　年数は？
管理職意識	部下を持つうえで最も大事なことは何ですか？
労働条件	残業には対応できますか？
労働条件	転勤についてはどうお考えですか？
生活環境＝勤務の安定性	ご家族のことを教えてください。
入社可能性	他社への応募はどうされていますか？
関心・意欲	何か質問はありますか？

▶その他の想定質問例

- 円滑な人間関係（社内）を築けますか？
- 顧客との信頼関係を構築できますか？
- 基本的なＰＣスキルは大丈夫ですか？
- 必要な語学スキルはありますか？
- ストレス耐性や健康状態に問題はないですか？
- 懲戒や処罰を受けるような悪癖はないですか？
- 職種固有の専門性、経験はありますか？

を使っています。全体的には当たり障りのない、新鮮味も真実味も乏しいものといえます。サイトにある企業スローガンをそのまま引用すれば、「つまらない回答」というイメージを与えてしまいかねません。そもそも、企業スローガンがその企業の実態を表わしているとは限らないでしょう。

しかし、サイトの記事でも、事業の概要や方向性をとらえた具体的な事実の引用であれば違ってきます。

良い回答例では、事業上の事実を踏まえた回答になっています。3段階の構成になっているのに加えて、自分がどのような貢献ができるかについても言及しています。

このように、質問の回答を3段階でまとめて説得力を強め、相手の立場に立って何に貢献できるのかという視点から話すことは、面接を成功させる重要なポイントです。

面接でよく聞かれる質問を前ページにまとめました。それぞれについて前述のポイントを押さえながら、自分なりの回答を用意してみてください。

◉想定問答の回答をより磨き上げる

特に、「自分の弱み」（ウィークポイント）と考える部分については、より突っ込んだ質問を想定しましょう。

たとえば、40代・50代は「年齢」が問題なので、「上司はあなたより若いけど大丈夫?」「期待の年収は出せないかもしれないけど……」などの質問に対する回答を用意しておきます。

「転職回数の多さ」「失業期間の長さ」「前職の勤務年数の短さ」「いままでの仕事の一貫性のなさ」はもちろん、「リストラ対象となった場合はその理由」というように、〝突かれると痛いところ〟については、事前にしっかりと準備しておくと安心です。

自分の弱みに関する想定問答の作成にあたっては、質問と回答を一度用意してから、その回答に対して「それはなぜですか?」という質問を重ねていき、階層的に考えをまとめておくのがコツです。質問を繰り返すたびに、回答に深みが出てきます。

通常、「なぜ?」を5回繰り返すと、面接担当者のツッコミに耐えられるだけの回答を用意できるようになります。

私はこれを「5つのブレイクダウン」と呼んでいます。これを行なうことにより、気持ちに余裕を持って面接に臨むことができます。

面接担当者は回答の善し悪しよりも、応募者の態度、対処の仕方を観察することを目的にしているかもしれません。あわてずに落ち着いて受け答えができれば、「この人はいける」という印象を持つでしょう。

何より、弱点を突かれても動じない「どこからでもかかってきなさい！」という自信を背景に、本来の自分の良さを面接の場で堂々と表現・発揮できるようになることが大事です。

◉「退職理由」がネガティブにならない方法

そうはいっても、「退職理由」が指名解雇や早期退職勧告だったりする場合は、どうしても回答がネガティブになりがちです。

この場合は、基本的に「会社都合」での退職となりますが、採用側としては、「前職の経営が厳しかったにせよ、なぜ会社に残ることを求められなかったのか？　なぜ早期退職勧告に同意したのか？」と考えてしまいます。

その疑問に対して、「生産性が低いローパフォーマーと判断されたから」という印象を与えてしまうことは絶対に避けなければなりません。

そこで、退職理由の質問は次の３つの要素からなる枠組みで回答を用意しておくことをおすすめします。

1．本来私は○○○をしたいと願っていた

2．しかし残念ながら、○○○をすることは前職ではムリだとわかった
3．それなら退職して、本来やりたいことができる環境に身を置きたいと思った

この枠組みに従って、次のようなストーリーをつくります。

良い回答例

「私はトップレベルの品質管理を実現したかったのですが、品質管理に対する経営者の意識が低く、コスト削減のために品質管理チームが解体されてしまいました。

そこで私のやりたい仕事がなくなってしまったため、ちょうど実施されていた早期退職制度を利用して退職し、本来やりたかった品質管理ができる環境を求めることにしました」

このストーリーなら、早期退職に応じたことがネガティブに聞こえません。「あえて自分から辞めた」のであり、「致し方なく辞めた」のとはまったく違う印象になります。

たとえ指名解雇された場合でも、「辞めない選択もできた」のに「あえて自分から辞めた」とするのです。私はこれを「ストーリーチェンジ」と呼んでいます。

退職理由を考えるときは、前述の枠組みに理由を当てはめるようにしましょう。

◉志望の動機は「やりがい」を中心に考える

もう一つ、むずかしいのは「志望の動機」を聞かれた際の回答です。履歴書に書いてはいるのですが、面接ではもっと詳しく説明する必要があります。

志望の動機は〝難問〟ですが、答え方によって最も相手（採用側）の心に響かせるチャンスになります。

採用側が描く自社の将来像と、自分が考え、こうしたいと考える想いが重なって一つになるようなら、面接を突破する可能性が高いのです。

このとき、大事なのは**「自分のやりがいは何か」を正直に話すことです。**これまでの業務経験から、何らかの事業や業務についてプロフェッショナルだと自負する部分が必ずあるはずです。その得意領域の仕事を通して、「やりがい」「理想」を本音で話すことが、面接担当者の気持ちを動かします。

なお、40代・50代は仕事に自信があるだけに、「能力を活かすこと」にとらわれやすいのですが、面接の場に限らず、**そもそも能力を活かすだけの転職活動はおすすめできません。**

たとえば、「品質管理の能力を活かしたい」という応募者は、企業が品質管理に弱点を抱えている場合に採用される可能性が高いでしょう。入社してからの頑張りにより、短期間で品質管理の目標数値がクリアできるかもしれません。

しかし、その後はどうなるでしょうか。途端に仕事がなくなり、解雇されるケースもあるのです。

能力を活かしつつも、仕事にどんなやりがいを見いだし、どんな理想に向かって進むのか――これは面接対策としてというより、自分の人生の問題として考える必要があるでしょう。

実践2 面接の際に自分から「2つの質問」をする

面接の場で効果的なのは、相手（面接担当者）ばかりに質問させるのではなく、自分から「2つの質問」をすることです。


【2つの質問】

「どんな人を採用したいとお考えですか？」

「それはどういう理由からですか？」

この2つは必ず質問してください。実は2つの大きな効果があります。効果を引き出す注意点とともに説明していきます。

①ライバルとの差別化

1つ目のメリットは、**応募者のことをより強く印象づけられることです。**

「ライバルのいない応募」でも、あなたの態度は他の応募者の面接態度と比較されると思ってください。

たいてい応募者は、面接中に「何か質問はないですか？」と面接担当者に聞かれても、満足な質問ができずにいます。そうならずに、**自分から「今回はどんな人を採用する予定なのですか？」「それはなぜですか？」と、核心をつく質問をするのです。**

これだけで、面接担当者は「おっ、この人は違うな」と思います。同時に、求人に対して、本心から興味・関心を抱いていると感じます。仕事に対しての意欲や積極性があると印象づけることができるのです。

②〝主・従関係〟の逆転

2つ目のメリットは、質問をすることによって、面接の〝主・従関係〟を一時的に破れ

▶「2つの質問」の効果

どんな人を採用したいとお考えですか？

期待できる話題

- 採用したい人物像
- 必要としているスキル、経験
- 現在のメンバー構成で不足している能力
- 望ましい経験、実績
- 理想的な人材イメージ
- 一緒に仕事がしたい人材イメージ

それはどういう理由からですか？

期待できる話題

- 社内の人事上の課題
- ビジネス上・管理上の問題点
- 管理体制の不備、機能の欠如
- 業務への過剰な負荷
- 面接担当者が考える解決策
- 解決策の実現のための条件
- 解決策の実現に必要な人材

面接担当者と「欲しい人材」のイメージが重なる

ることです。

普通の面接では、面接担当者が「主」、応募者が「従」ですが、応募者から面接担当者に質問をすることで、その主・従関係性が逆転します。**応募者が「質問する役」、つまり「主」に変わるわけです。**

すると、面接担当者は「こんな人が欲しい」というイメージを応募者に語り始めます。時には採用側の状況や課題を、その背景とともに詳しく明かしてくれることもあります。

それを真剣に、あいづちを打ちながら聞いてください。そして、「欲しい人材」のイメージをはっきりさせるために、**「具体的にはどういうことですか？」「それはつまりこういうことですか？」とさらに質問していきます。**

このやり取りによって、応募者が面接担当者の悩みを聞いてあげる、引き出してあげるような形になっていきます。

面接担当者との〝共同作業〟で、欲しい人材のイメージの具体化を図るのが理想です。

その結果、面接担当者の応募者を見る目が変わってきます。応募者の顔を見ながら、**面接担当者が「こんな人が欲しい」というイメージについてさまざまな角度から答えるうちに、応募者がその欲しい人材のイメージに重なってくるのです。**

同時に、自分たちの状況や課題を真剣に聞いてくれている姿を見て、「この応募者が一緒に課題を解決してくれるのではないか」と面接担当者は感じてくれます。

もちろん、これは錯覚かもしれません。しかし結果として、面接担当者により強い印象を残すのは必至です。面接の合否判定の際、どうしてもその応募者のことが心に引っかかるようになります。

◉「2つの質問」を行なうときの注意点

ただし、少しコツがあります。話を聞きながらのあいづちや、重ねての質問は、〃会話の深掘り〃のためだけに行なうことです。

ですから、決して「そのとおりです」「それはわかります」といった同意を示すあいづちはしてはダメです。

また、業務経験・管理経験を積んできた人ほど、話を聞くうちに、「私はそれをこう解決しました」「解決策はありますよ」と面接担当者に言いたくなるものです。もし課題の解決策が見えたとしても、面接の場で口にすることはもってのほかです。ただちに相手を不快にし、その後の話が聞けなくなってしまうからです。

とにかく、ここではあくまで聞き役に徹して、面接担当者にできるだけ話をさせることを心がけてください。

この2つの質問は、あたかも取調官と被疑者のような面接の場の堅苦しさや硬直した空気を変え、「会話のキャッチボール」にしていく効果があります。

会話のキャッチボールがうまくいくと、面接担当者と応募者は、求められる人材と解決すべき課題についての〝想い〟を共有する関係になります。

そのことによって、面接担当者は「こんな人が欲しい」というイメージを共有したその応募者が「会社の状況を一番理解してくれる」と思い、面接の通過率は抜群に上がるというわけです。

実際にこの2つの質問には多くの成功例があります。うまくいくと、想像以上に面接担当者の心をつかむことができます。

特に面接担当者が中小企業の創業社長だったりすると、その場で採用が決まり、好待遇を提示されるなど、驚くべき効果を発揮します。

実践3 採用側から出てくる条件はすべて〝丸呑み〟する

書類応募から面接の期間を通じて、自分から条件を出して交渉することは控えたほうが

▶条件交渉は内定後に行なう

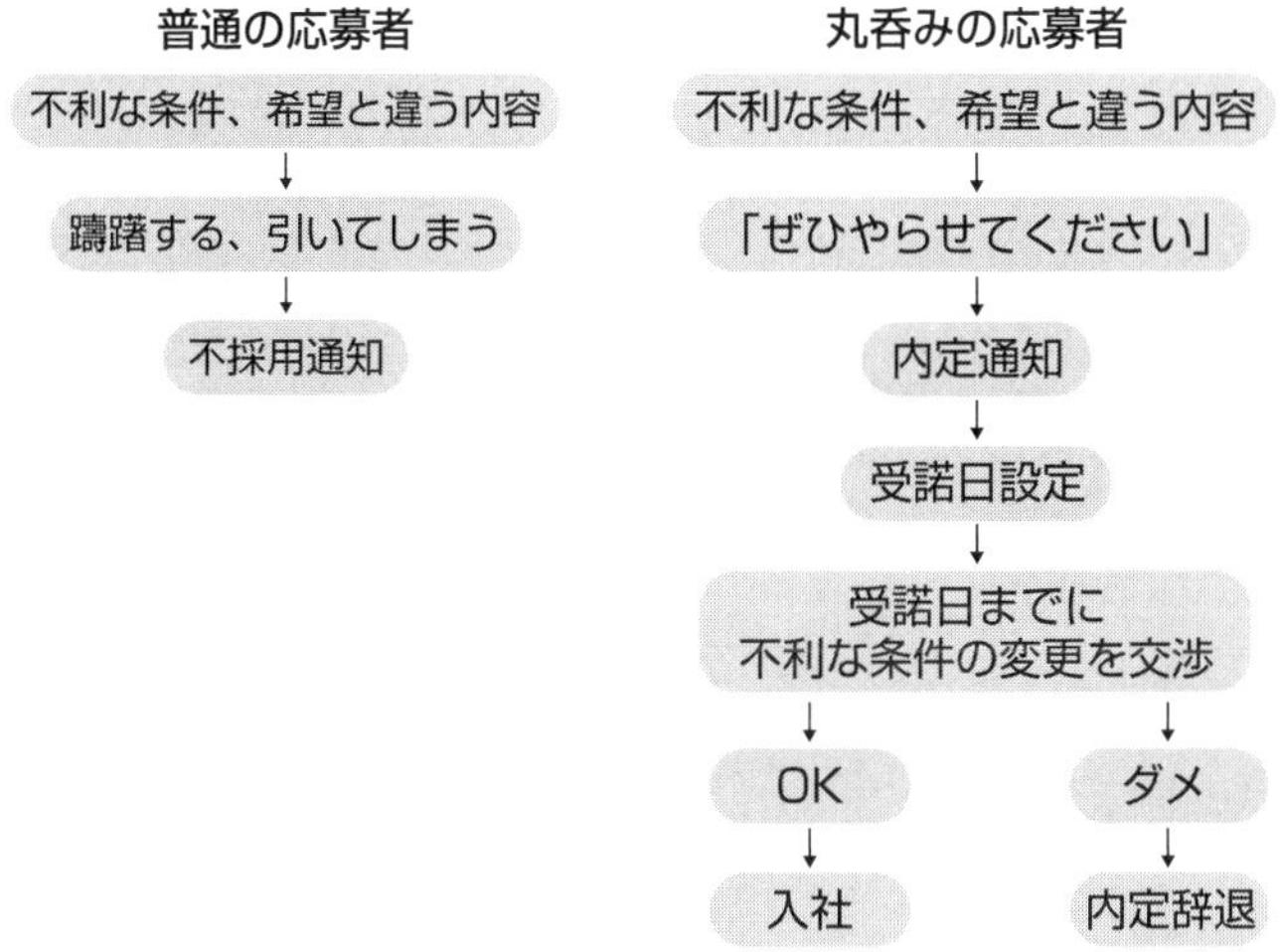

得策です。とにかく内定をもらうことのほうが重要です。

もちろん、最低限の就労条件は確保しますが、それは内定後の条件交渉で実現すればよいのです。

採用側が出す条件や要求についてはひたすらイエスで答えるのが、面接を通過するためのポイントです。私はこれを**「丸呑み内定」**と呼んでいます。

たとえば、年収600万円が提示されたものの、希望が700万円だからといって、そこで「足りません」と言うのは禁物です。

ひとまずはその条件を呑み、内定が出た後で採用側と交渉して100万円のアップを目指します。

条件交渉はあくまで内定後に行なうこと。面接中に不平不満をこぼしてはダメです。

勤務地や、職務内容、勤務時間など、自分と家族にかかわる重要な問題もあるでしょう。まったく話にならないほどのギャップがある場合は別ですが、一部の条件が希望に沿わないからといって、内定が出る前に意見をすることは我慢しなければなりません。

気に入らない部分があっても、それを表に出さないのが得策です。

採用側の抱いている人材のイメージにできるだけ合わせるように回答していれば、面接が途中で打ち切られてしまうことはありません。最後の面接まで生き残り、内定を手にするまでがひとまずの目標です。

面接の場では、内定を勝ち取ることだけを目指してください。

◉雇用形態については別？

転職で目指したいのは、フルタイムの正社員です。厚生年金、社会保険も加入できるように正式な雇用契約を交わしたいものです。

ところが、特定の業種、特にＩＴ技術者や機械設計技術者などは、正社員としての雇用を求めると、求職期間が長期にわたる場合が少なくありません。正社員の枠そのものが小さいからです。

伝統的に契約社員、派遣社員をたくさん雇用する業界で正社員にこだわると、かなり活動がむずかしくなります。

そこで、「契約社員や派遣でも構わない」という決断が必要になる局面もあるでしょう。ただしその場合でも、必ず「正社員登用の道あり」としている企業を選ぶのがよいでしょう。**契約社員や派遣社員として働きながら正社員を目指すようにします。**

一定期間、契約社員として働いたら正社員にしてくれることがあります。一定期間とは半年なのか1年なのか、それ以上なのか。正社員になるときに何かの評価、試験が必要なのか。そういった問題はあっても、正社員への登用の道が確実に見えているほうが有利です。

中には「紹介予定派遣」と呼ばれる派遣の種類があります。これは、「派遣先企業で派遣社員として一定期間働いた後、正社員として採用されるように派遣元の人材派遣会社から派遣先企業に紹介してあげます」という形の派遣契約です。

私の知る範囲で、この契約で正社員になれたケースはほとんどありません。紹介はしてくれても正社員への登用を保証してくれるわけではないのです。こんなあやふやな契約はすべきでないでしょう。

契約社員や派遣社員の契約の際は、必ず「正社員への登用の道」を確認しましょう。『どうすれば正社員になれるのか」「正社員になった場合に（年収などの条件が）どう変わるのか」を、できるだけ具体的に聞き出してください。

もし、「理事長に好かれたら正社員になれる」などという評価基準で登用の可否が決まるような企業ならやめておいたほうが無難です。

「○年間契約社員として勤め、○○の資格が取れたら正社員になれる。その場合の年収は○○万円」というように条件を提示してくれる企業なら、それを信じて勤めてみることをおすすめします。

次の面接に活かすために「面接ノート」に記録する

面接の予定が入り始めると、次々にスケジュールが埋まっていきます。しかも、複数の面接が同時に進行していきますから、どこで何を聞かれ、どう答えたかがだんだん怪しくなってきます。

こうなる前に、「面接ノート」をつくり、その日の面接の内容を正確に記録しておく必要があります。

◉面接ノートの目的

面接は一度きりのものではありません。「一次」「二次」「三次」と繰り返されるのが普通です。

条件破壊応募の場合はその回数を少なくできますが、必ずしも1回で済むケースばかりではありません。

また、同時期にたくさん応募しますから、何社もの面接を、うまくいけば毎日のようにこなしていくことになります。

もし、二度目の面接の時に一度目の面接の内容を覚えていなかったら、当然ながら大きなマイナスポイントになります。別の会社の面接の内容と取り違えていたりすると、致命的な低評価につながります。

そこで、面接ノートの登場です。

面接ノートには、備忘録としての効果のほか、もう一つの目的があります。

面接の「場数を踏む」たびに、常に何かを学ぶようにすること。その「気づき」をノートに記録することで、面接での反省点・改善点が記憶に定着し、次の面接に活かすことができます。

実際は、ほとんどの人が毎回の面接を〝受けっぱなし〟にしていて、次の面接でその反省を踏まえた対応ができていないようです。せっかくの気づきを次の行動に結びつけることなく、一歩前進、一歩後退、ゼロからの繰り返しになってしまっています。

面接ノートは、気づきを次の面接に活かすための工夫です。面接の回数を重ねれば重ねるほど、面接のスキルや知識が蓄積されていくようにしましょう。

⦿面接ノートのつくり方

面接ノートには決まったフォーマットはありません。次ページに挙げるようなフォームを自作するとよいでしょう。

もちろん、普通の大学ノートを使っても構いません。

記録する内容は、日時、会社名、担当者名や、質問された内容と自分の答えなどですが、それぞれに気づいたこと、良かった点、悪かった点、次回の改善案なども盛り込みます。

面接ノートは、応募先企業の求人情報や調べたことをファイルするものではありません。あくまで「面接の内容」を記録していくものです。

毎回必ず記録し、次の面接の前には必ず前回までの全記録に目を通してから、本番に臨んでください。

自分の手でつくった面接ノートは、最高のアドバイスをしてくれるはずです。

▶面接ノートのフォーマット

<table>
<tr><td>NO.</td><td colspan="3">年　月　日　時　分　～（　時間　分）</td></tr>
<tr><td colspan="2">会社名：</td><td colspan="2">担当者名：</td></tr>
<tr><td>面接スタイル：
・個人　・その他
・集団（　　）</td><td colspan="2">受験者人数：
・１人
・（　　）人</td><td>面接官人数、名前：
（　　）人
＿＿＿＿＿＿様
＿＿＿＿＿＿様</td></tr>
<tr><td colspan="4">質問された内容：</td></tr>
<tr><td colspan="4">自分の答え：</td></tr>
</table>

面接の経験を最大限に活かし、「面接力」を養うために、めんどうくさがらずに面接ノートをつけることが、結局は内定への近道です。

第7章

40代・50代が内定後にやるべきこと

たとえ内定が出ても「即答」は禁物

この章では、内定の通知が届いた後の動きについて説明します。

内定後、急いで入社を決めたために、「入社はできたが結果として失敗だった」という例があります。そういう場合、短期間で退職し、また新しく職を探す人も少なくありません。

短期の職歴は、自分の反省材料として役立つかもしれませんが、次の転職で採用側の評価にプラスに働くことはありません。ですから、内定の受諾は慎重に進めなければなりません。

◉内定受諾を保留する理由

内定が出たときの行動として、必ずやっていただきたいのが「内定受諾を保留する」ことです。内定受諾を保留するのは、**条件交渉を行なうのに必要だからです。**

「せっかくつかんだ内定なのに、保留したら取り消されてしまうのではないか?」などと心配することはありません。1週間程度の保留なら、たいていの企業にとって実害はないはずです。

もっとも、面接での会話から、「内定したら即入社してもらえるはずだ」と考える採用担当者もいますから、不興を買うことになるかもしれません。

しかし、「ここが人生の転換点だ」と肝に銘じ、情に流されずにふるまうべきです。

面接の場で必須の「条件の丸呑み」がありました。**面接までは採用側が決定権を持つ「買い手市場」ですが、内定をもらってからはこちら側に決定権が移り、「売り手市場」になります。もう丸呑みはしなくてよいのです。**

内定の段階での就労条件は、応募者の希望を１００％満たしているケースはほとんどありません。もちろん、それに近い線は出してもらえますが、どこか足りない部分があるのが普通です。特に年収に関しては、希望どおりの金額を出してもらえることのほうが少ないようです。

そこで、希望どおりの条件に変更してもらえるように、条件交渉を行ないます。これが希望どおりの条件で転職するためのキモです。

また、内定受諾の保留にはもう一つ、別の理由もあります。それは、**同じような時期に他の応募先でも内定が出ることが多いからです。**

先に内定が出たからといって、その企業に入社するのは、選択肢を自ら捨ててしまうことになります。

本書の方法を忠実に実行していれば、複数の企業から内定がもらえます。他社の就労条件と比較して、より有利なほうを選びましょう。他の有力な応募先から内定が出るかどうかを見極めてから、内定受諾の是非を考えるのが得策です。

条件交渉の5つのステップ

では、内定受諾の保留期間に何をするかですが、次のような「5つのステップ」があります。

〈ステップ1〉内定通知が届く

面接を何度か重ねた頃に、最初の内定通知が届きます。

しっかりした企業では、郵送で内定通知書とともに「雇用条件通知書」を発行してくれます。これにはさまざまな職務の条件と、収入に関連する情報が記載されています。

▶条件交渉の５つのステップ

①内定通知が届く

電話、郵送、メールなどで内定の知らせが入る。

②受諾を保留する

内定の御礼を丁寧に伝え、基本的に内定を受け入れる方向であることを伝える。ただし、よく検討したうえで返答するので、「１週間、受諾の返答を待ってもらいたい」旨を伝える。

③自ら連絡して交渉する

１～２日後に連絡し、「内定受諾の方針は変わらないものの、この条件では入社するのは厳しい」旨を伝え、条件について一度検討してもらうようお願いする。

④検討結果が伝えられる

条件についての検討結果が伝えられる。

⑤受諾可否を判断する

内定受諾の可否を判断し、期限までに返答する。

中には、単に電話やメールで内定の連絡が入るだけの場合もあり、必ずしも書面で詳細が伝えられるとは限りませんが、いずれにせよこの時点で、先方は就労条件を示して、確認・同意を求めてくるわけです。

個々の条件については、先方にある程度の余裕があるのが普通です。こちらも妥協できるレベルとそうでないレベルがあるでしょう。それをすり合わせる必要があります。

〈ステップ2〉内定受諾を保留する

とにかく即答を避けることが肝心です。内定通知をもらったら、採用担当者に電話をして、御礼の言葉を述べたうえで、次のように申し入れます。

「内定通知をありがとうございます。しかし家族と相談したいので、ご返事を差し上げるのを1週間待っていただけますでしょうか？」

第一希望の企業の内定でも、受諾までに最低1週間は確保します。

内定受諾の回答を引き延ばす理由として先方が受け入れやすいのは、「家族との相談」でしょう。家族をダシに使うようで心苦しいかもしれませんが、なんとしても時間を確保してください。

ここで内定受諾の保留を申し出にくいのが、面接の場で即決された場合です。先方の好意をむげにできないので悩んでしまいますが、それでもなんとか切り抜けて、その時点での受諾は避けてください。

丁寧にお願いすれば、ほとんどの場合は保留期間を認めてもらえるでしょう。

内定が覆《くつがえ》ることがないとは言い切れませんが、その場の感情によって決定事項が左右される企業なら、入社しても何かのきっかけで嫌な思いをすることもあるかもしれません。かえって避けたほうが無難ではないでしょうか。

〈ステップ3〉自ら連絡して交渉する

内定受諾を保留する旨を連絡してから1～2日後に、採用担当者に電話をします。これが条件交渉の始まりです。

とはいえ、電話では面会のアポイントをとるだけです。

「ちょっとご相談がありますので、明日（または今日の○時以降）お時間をとっていただけないでしょうか？」

このように持ちかけます。そして、必ず採用担当者と対面して交渉にあたります。

その場では、先方から提示された条件の中でどこが問題なのかをはっきりさせるとともに、希望の条件を挙げて再度の検討をお願いします。このとき、内定をいただいた感謝の気持ちも忘れずに伝えましょう。

多くの場合、再考してもらうのは次のような項目です。

- 年収
- 転勤の有無
- 残業手当
- 役職
- 当面の就労形態（試用期間の長さ、その期間の待遇など）

一番多いのは「年収」です。それをどれだけ上げられるかが、条件交渉における最大の課題になります。

実際にこの交渉を通じて、３００万円の年収アップが実現した例があります。その一方で、１００万円アップを目指して交渉したら、決裂して内定を失ってしまった例もあります。どこまで条件を改善できるかは、やってみなければわからないのです。

ですから、**自分が必要だと考える最低ラインは事前に考えておいてください。**

たとえば、７００万円が必要だと考えるなら、それは必ず達成しようと思わなければダメです。先方が６００万円を提示していたら、「それでは入社できない」とはっきり言わなければなりません。

この場合、**「家族と相談したのですが、１００万円上乗せしていただかないと、入社しても継続できない可能性があります」**などと説明します。

その話を聞いて、採用担当者が渋々であっても、「わかりました。上司（人事部長など）と相談してみましょう」という反応を示したらしめたものです。

「いつ頃までにご返事をいただけるでしょうか？」と、必ず期限を区切って再考を促しましょう。もし、「上司と改めて話をしてもらいたい」ということになったら、同じように採用担当者の上司に相談します。

〈ステップ４〉検討結果が伝えられる

先方はこちらの条件交渉を受けて、内部で検討を加えます。そこで何度か交渉が重ねられることもありますが、いずれにせよ数日の間に先方から結果が伝えられます。

もし、内定取り消しの連絡であれば、そもそも縁がなかったとあきらめて、次の応募先・面接先に集中するのが得策です。

保留している間にも、別の内定通知が届きますから、早めに気持ちを切り替えてください。やがて条件の一部、または全部を受け入れてくれる企業が現われます。そのときには、こちらが態度をはっきりさせなければなりません。

〈ステップ5〉受諾可否を判断する

最終的に内定を受諾してよいかどうかの判断は、自分で決めるのが最善です。

内定を受諾していいかどうかの判断基準は？

参考までに、私の転職支援の経験からのアドバイスとして、「6つの視点」を挙げておきます。

①その仕事に燃えられるか？

本当に理想的な仕事とは、「お金をもらわなくてもしていたい」というくらい、自分が好きなことをしていくことだと私は思います。実際はお金をもらわないと生活ができないので不可能ですが、それくらい「燃えられる」仕事かどうかは、最大の判断基準といえる

▶６つの判断基準

①その仕事に燃えられるか？

②期待できる年収が得られるか？

③仕事をしていると、どこにどんな負担がかかるのか？

④企業訪問時の第一印象はよかったか？

⑤業界の将来性はどうか？

⑥会社の評判はどうか？

のではないでしょうか。

燃えられる仕事、すなわち情熱を注げる仕事だと思えるなら、自分にその仕事をうまく遂行するための知識や能力がすでに備わっているはずです。それを発揮すれば、他の人と競っても勝てる可能性は非常に高いに違いありません。

燃えられる仕事だと思えるなら、たとえ理想のイメージとは異なる部分があっても、内定を受諾したほうがよいでしょう。その仕事を通して、自分自身の満足と、さらなる人間的な成長が得られるからです。

入社後長く勤めることを考えると、この判断は大方間違いないように思います。

②期待できる年収が得られるか？

しつこいようですが、「年収」は最も大事な判断ポイントです。希望年収と先方提示金額の開きがどれだけ縮むかは交渉結果によりますが、思ったほどは縮まらなかったという場合があります。

もちろん、試用期間から前職を上回る収入を得るのはむずかしいですし、その後もすぐに希望年収に届かない場合があります。

私の転職支援プログラムの受講者のケースでは、入社当初から前職の収入を上回るのはおよそ3人に1人です。

希望年収を達成できない場合は、率直にそのことを採用担当者に伝えて、「どうすれば希望年収を達成できるでしょうか？」と、収入が上がる可能性を尋ねてみてください。

いまはムリでも、働き続けるうちに、希望年収に届く可能性が見えてくるかもしれません。どのくらいの時期に、どういう状態になれば希望年収に届くのか、そのメドがはっきりわかるように尋ねてください。

希望年収を達成する時期や基準が明確になれば、「一定期間内に希望年収を確保する」という考え方で入社を決めることは十分に意味があると思います。

特に年収については採用担当者と納得するまで話し合い、新しい仕事に心から打ち込める体制で就職することが望まれます。

③仕事をしていると、どこにどんな負荷がかかるのか？

自分や家族への「負荷」がどの程度かも大きな判断材料です。

「労働時間の長さ」「勤務地」「勤務時間帯」「休日出勤の多さ」「仕事の内容」「試用期間の長さ」「正社員になれない可能性」など、さまざまな要素が負荷になります。

ある程度の負荷は受け入れなければなりませんが、どうしても受け入れられない負荷もあるでしょう。何が受け入れられて、何がダメなのかは、人それぞれの事情で異なります。家族とも相談したうえ、よく考えて判断してください。

④企業訪問時の第一印象はよかったか？

面接で初めて企業を訪問すると、「この会社はいい会社」「この会社はちょっと……」という印象を受けると思います。一種の〝勘〟ですが、意外に入社後の働きやすさに関連しているものです。

この勘は、企業の中の小さな要素が重なって醸《かも》し出す雰囲気に対する、言葉にしづらい違和感です。

たとえば、次のような要素は、「悪い印象」につながります。

・面接スペースが業務フロアの一部（パーティション囲みのみ）
・業務フロアは質素なのに社長室だけが豪華
・面接担当者の言葉遣いが乱暴
・面接担当者の服装が不衛生または華美（宝飾品をこれ見よがしにつけている）
・面接前に長時間立ったまま待たされる
・お茶が出ない
・社員からの挨拶がまったくない
・事務用机が小さい
・書類が散らかっている
・トイレが汚い
・面接時に業務部門から大声（部下を叱責する上司の声など）が聞こえる
・業務フロアでタバコが吸い放題

面接の際に会える社員や見渡せる場所は限られているので、こうした要素によって、その企業全体の印象が形づくられていきます。

「第一印象」は、自分の好き嫌いの反映かもしれませんが、まったく無視するわけにはいきません。嫌な印象を受けても、条件の良さで入社を決めてしまうと、ゆくゆく後悔することになるケースが多いようです。

これから長く思い切り仕事ができる環境を望むなら、「その会社が好きである」ことが何よりも重要だからです。

入社を断る合理的な理由にならなくても、時には第一印象を優先してもいいと思います。

なお、**特に中小企業では、オーナー社長との相性が、入社後の働きやすさを大きく左右します。**この社長の下で働きたいと思えるかどうかを自問してみましょう。個人的な志や、自社の将来像についての考え方を聞く一方、社員についての考え方・態度を観察することが大事です。面接の最中に、社長が現在の社員を罵倒《ばとう》するようなら論外です。

⑤業界の将来性はどうか？

転職の成功率でいえば、前職と同じ業界の企業への転職が一番高いのは確かです。

しかし、前職の業界は、何らかの構造的な問題を抱えていなかったでしょうか？　これから縮小していく業界であれば、そこに転職して大丈夫でしょうか？

私は、「縮小傾向にある業界への転職は、宿題を抱えることになりますよ」と、転職希望者に注意を呼びかけています。

小さくなる市場の中でも、シェアを伸ばして成長できる企業もあるでしょう。とはいえ、自分の仕事だけで、その企業の業績を左右できるわけではありませんから、業界の将来性についてはよく考えることをおすすめします。

⑥会社の評判はどうか?

「ブラック企業」という言葉があります。たいてい「労働条件が厳しい会社、その割に給料が安い会社」を指しているようです。また、「違法行為をしている会社」の意味を含むこともありますが、ここでは論外とします。

ある企業を指してブラック企業などと呼ぶのは、多くがインターネットの掲示板やブログです。たとえば、「人がすぐ辞める」「パワーハラスメントが日常的」「長時間残業が普通」「休日がない」など、過酷な労働環境を批判する文脈の中で、実在する企業が挙げられています。

そうした記事を読むと、「なんてひどい会社なのか」と思ってしまいますが、実際は社員が希望を持って働いている場合もあります。

この場合は、入社年数の浅い社員にとっては「ブラック」でも、管理職にとっては「ホワイト」であることが多いようです。昇進すれば待遇が上がり、高給で、休日も普通に取れ、残業も一般並みになるからです。当然、管理職を目指して一生懸命に努力する人がいれば、その競争から脱落する人もいます。どちらかといえば、多くの脱落した人のほうがクローズアップされやすいのでしょう。

もちろん、本当のブラック企業も存在します。それは、**「社員を使い捨てにする会社」**です。数年で辞めさせる前提で雇うケースもあります。

そのような企業を見極める方法はあるでしょうか？

私は、**応募の段階では本当のブラック企業なのかどうかを確認したり、あえて避けたりする必要はないと考えています。**「人がたくさん辞める会社」でも、一面では出世が早いという長所を持ち合わせているかもしれません。あえてブラックと呼ばれる企業に立ち向かっていく人もいるのです。幹部を目指す40代・50代なら、そこへ到達する道が見えていれば、狙ってみてもよいのではないでしょうか。

とはいえ、インターネットでその企業を名指しして「ブラックだ」と告発されているようなら、念のためにその真偽を確かめましょう。

方法としては、面接（一次面接ではなく二次面接以降）の場で、**「インターネットで御**

社がブラック企業であると告発している記事を見ましたが、本当のことですか?」と、直接聞いてみるのが一番です。そして、先方の回答の内容と態度に注意します。

たとえば、「以前の社長のときはそうだったが、現在は代替わりして環境がまったく違っています」「若手の競争が激しいのは確かだが、会社として労働基準法を遵守したうえで自主性に任せています」などの回答が、面接担当者(採用の最終決定権者が望ましいでしょう)の口から淡々と語られるなら、信用してよいでしょう。

反対に、「気にする必要がありませんよ」と軽くあしらわれたり、「そんなことがあるものか」と怒り出したりするようなら、その告発が本当である確率は高いでしょう。

会社の信用に関わる事柄について、堂々と反論できないのはおかしなことです。これが一つのブラック企業の見分け方になるでしょう。そんな企業には入社してはなりません。

それでも入社してみないとわからないことが多い

以上のプロセスを踏み、さんざん考えたうえで入社しても、実際の職場にがっかりすることはあり得ます。

たとえば、次のような項目は入社前にはほとんどわからず、仕事が始まってから気がつくことになりがちです。

・直属上司の性格（パワーハラスメントなど）
・残業の実態（雇用条件とかけ離れた状況、サービス残業など）
・宗教などの強要（特定の団体への加入の強制、関連物品の購入の強制など）
・商品の購入ノルマがある（給料から天引きで商品の購入が強制される）
・トイレやロッカールームなどが男女共用

簡単に改善可能な項目もありますし、労働法規に抵触するようで抵触しないという微妙な項目もあります。いずれにせよこれらの項目に、働き始めたその日に気づいたら、すぐに改善を申し入れるなり、身を引くなりするべきです。

⦿辞めるなら3か月以内

ただ、最低でも3日は勤めて、様子を見るべきでしょう。その次は3週間目、さらにその次は3か月後に改めて判断してみましょう。

3か月勤めれば、だいたい会社のあらましがわかります。このような判断時期の区切りを、私は「3・3・3の原則」と呼んでいます。

なぜ3か月までなのかといえば、次の転職先のために用意する履歴書に、その経歴を書かなくてもよいからです。

もともと試用期間内に辞めた場合は、それを職務経歴として記入する必要はないと私は考えています。試用期間でなくても、3か月以内なら経歴と見なさないと解釈してよいと思います。

辞めるなら、早いほうがいいに決まっています。早ければ早いほど、次の転職活動ができることになります。

最悪なのは、辞める決心がなかなかつかず、半年や8か月などといった中途半端な期間で辞めてしまうことです。この場合、次の転職活動の際に履歴書から省くわけにいかず、かえってウィークポイントを一つ増やしてしまうことになるからです。

第8章

40代・50代から始める転職計画

転職活動には「お金」がかかる

この章では、転職活動を始めるため、また継続していくために必要なことについて説明します。

転職活動には高い志とモチベーションが求められます。それ以前の問題として、「お金」も欠かせません。転職活動という多忙な数か月間を乗り切るための方法を紹介する前に、その活動の基礎となるお金の問題から考えてみましょう。

◉転職活動にかかるコスト

一般的な応募の仕方だと、応募から内定が出るまでに3か月かかります。

条件破壊応募を行なう場合でも、2か月はかかります。応募前にはさまざまな準備がありますから、その期間も合わせると、最低でも3か月以上の生活・活動維持資金が必要になります。

なお、内定にこぎ着けても、内定の受諾から仕事を始めるまでに1か月近くかかることがあります。給与は働き始めた月の末締めで翌月末払いというところもあります。この場合は、仮に1月から転職活動を始めると、6月末にやっとお金が入るという具合です。年末年始や、夏期休暇、冬期休暇が間に入った場合は、活動が2～3週間空いてしまうことも考慮に入れなければなりません。

つまり、**6か月の間、入金ゼロの状態で、生活費と転職活動費をまかなわなければならないのです。**

会社員が職を失った場合、年金保険料がやたら高いことに驚かされます。これは、前年度の会社員時代の年収から算定された額が請求されるからです。

失職した後、転職できるまでの収入ゼロの期間に、たとえば年収が700万円だったらそれに相当する額の支払い（70万円近く）を請求されるので、かなり厳しくなります。退職した年は収入が低くなりますが、それはまったく考慮されません。「低収入なのにこんなに払うのか」という印象です。

国民健康保険も同様です。前年度の年収を基準に算定されるので、目が飛び出るほど高く感じます。

これらに加え、住民税もありますし、さらに生命保険やローン返済などがあれば、相当厳しい財政事情となります。

もし、これらの支払いが困難な場合には、年金支払いやローン返済には「減免措置」がありますので、それも講じたうえで活動することが大事です。そうしないと、活動自体に支障をきたすことにもなりかねません。

◉1か月に最低でも30万円必要

生活費を除き、転職活動費は月にだいたい5万〜10万円にのぼります。

たとえば、1週間に応募書類を20通出すとします。1か月で80通ですから、1万1200円の郵便料金（切手代140円×80通）に加えて、封筒、用紙、プリンターのインクなどの資材の購入費がかかります。それに交通費も必要です。退職している場合は定期券がありませんから、面接には毎回交通費がかかります。

さらに、前述した各種保険料を加えると、**活動期間1か月のコストは、最低でも30万円**とみていいでしょう。

もし、手持ちの資金で活動期間の費用がまかなえないようであれば、アルバイトをするのも一つの手です。ただし、**毎日フルタイムでの勤務は避けてください**。フルタイムだと、面接が入った場合に対応できなくなります。

たとえば、月曜から水曜まではフルに勤務して、木曜から土曜は転職活動にあてられるようにしましょう。アルバイトの曜日と転職活動の曜日は明確に分けることが大事です。

苦肉の策として、親戚や友人などにできるだけ金利のかからない借入れをお願いすることも考えられますが、これは最後の手段でしょう。借金は人間関係をこじらせる原因になりますから、しないほうが得策です。

⦿期間短縮に「人材紹介会社」は有用?

「6か月間入金ゼロ」の状態は、条件破壊応募によって1か月程度は縮まるでしょう。短期化すれば、資金計画はラクになります。

もちろん、「転職できるまで2か月も待てない」という切羽詰まった状態の人もいます。そういう人に対して、私は人材紹介会社を介した転職方法を提案することもあります。

稀ではありますが、多数の人材紹介会社に短期間に集中してアプローチすることにより、わずか1か月で内定が取れたという例がありました。特定の領域で優れた能力がある人は、人材紹介会社が保有している求人の案件にピタリと合うことがあるのです。

一般的に、このアプローチはおすすめできるものではありません。多くの場合、人材紹介会社にケンもホロロな対応をされるからです。

しかし、自分の価値に自信があり、しかも短期間での転職を実現したい場合は、苦々しい対応にめげず、人材紹介会社を中心に応募するのも一つの手でしょう。

いずれにせよ、直接話ができるコンサルタントを増やすことが肝心です。

転職を成功させる「スケジュール管理」のポイント

次に、転職活動の事前準備としてどのようなことがあるのかを考えてみましょう。

一つは「計画づくり」です。最初に何をすればいいのかを整理して、スケジューリングするための「始動計画ワークシート」があります。

もう一つは「環境づくり」です。「環境チェックシート」は、転職活動のベースとなる「仕事場」を家庭につくるためのものです。

順に説明しましょう。

①計画づくり（始動計画ワークシート）

「始動計画ワークシート」に、転職準備として何をするのかと、それを済ますために必要な日数、開始する日や期間などを記入します。

具体的には、準備期間（〇月〇日まで）を記入し、その期間内にやるべきこと（名称）、内容、所要期間（日数）、作業日を記入します。

次ページのように、「家族への説明」を項目に立てるのは転職活動の大事な一歩です。家族の助けなくして転職への道は始まりません。自分の状況を理解してもらい、協力してもらうことが肝心です。

記入する項目はそれぞれ独自のものになりますが、できるだけ多チャンネルの情報源をリストアップします。

さらに、応募書類に必要な資材を調達するといったところまで、やるべきことを大まかでよいので書き込むことで、だいたいの作業量が把握でき、スケジュール感がつかめてきます。

実際に紙に記入することにより、いつ何をどこまでやるかが明確になります。書いたものは「リマインダー」にもなり、「スケジューラー」にもなります。このシートが、これからの転職活動のリズム、テンポを決めるといってよいでしょう。

もちろん、記入したことを実行しなければダメですが、実行できないものがあっても、クリアできるように努力することに意味があります。

▶始動計画ワークシート（例）

■目標：すべての応募がすぐに開始できるように整える。
［情報／書類原稿／その他］

準備期間：～○月△日まで

No	名称	内容	所要（時間／日数）	作業日
1	家族への説明	妻→子どもたち		6/2
2	求人誌チェック	15か所回るところを決める、ラックを確認（週1回）	1～2日 月～火	6/3～4
3	新聞チェック	7紙のチェック（週1回）	1日	6/5
4	ネットチェック	各サイトのブックマーク	1週間	6/7
5	ハローワーク	相談に行く	1日	6/8
6	公的機関	3か所に行く	1日	6/9
7	人材紹介会社	顔なじみを10人つくる	2～3週	6/10～
8	支援者に連絡	1名		6/1
9	書類作成	履歴書、職務経歴書、送付状、自己PR文		6/10
10	写真	写真館で撮る→ほほ笑み 家でプリント		6/11

②環境づくり（環境チェックシート）

「環境チェックシート」は、転職活動に集中できる環境を整えるためのものです。

転職活動は自分を売り込む営業の仕事です。そして仕事場は自宅です。したがって、自宅を仕事（転職活動）に集中できる場所にしていく必要があります。

転職活動の拠点である自宅に、会社のオフィスと同じように仕事ができる環境をつくってください。その環境づくりに役立つのが217ページのシートです。

たとえば、記入する項目には次のようなものが挙げられます。

●机・椅子・集中度・集中時間

机と椅子は専用のものを用意します。また、自分が最も集中できる時間を確保しましょう。

●電話

自分の机にコードレスの子機があれば理想です。

●ファクス

できれば設置してください。電話とファクス兼用のものがあります。

●インターネット・メール

いまや必須です。求人サイトの情報量は求人誌と同じかそれ以上です。何より情報の早さは抜群です。求人情報を送ってくるメールマガジンもたくさんあります。

応募のやりとりにメールを使うケースは多いですから、インターネットが使えなければ他の応募者との格差は致命的になると思います。

●図書館

集中できる場所の確保と、情報収集の両面で、ぜひ図書館を使えるようにしてください。近隣の図書館の場所、開館時間、休館日などをチェックします。複数あればなおいいでしょう。

同じ主旨で、近所の静かな喫茶店や、インターネットカフェなども確保しておくと便利です。

●家族との折り合い

最も重要といってよい項目です。仕事として転職活動を行なううえで絶対に欠かせません。

基本的にはコミュニケーションを密にすることです。1日、1週間のスケジュールや目標、活動の結果やそれに対する考え方などを率直に話し、絶えず現在の状況を伝えること

▶環境チェックシート

■目標：自宅に仕事場をつくること。

No.	項目名	状況	自己評価	講評	改善	日付
1	机					
2	椅子					
3	集中度					
4	集中時間					
5	電話					
6	FAX					
7	Net環境					
8	図書館					
9	喫茶店					
11	家族との折り合い					

が大切です。これは意図的に行なう努力が必要です。

転職活動で大切な「モチベーション」の保ち方

転職活動とその準備を行なう3か月の間、最初からハイレベルな活動ペースを維持するのは、体力的にも精神的にも大変です。これを乗り切り、内定の獲得を目指すには、高い「モチベーション」が必要です。

最後に、モチベーションの保ち方についてふれておきます。

⊙転職活動中に起きること

最初の1〜2週目は、それまで知らなかった求人サイトにどんどん応募しますが、応募の数の割に不採用ばかり続いて、不安に思うことがよくあります。

それでも応募を続けていると、3週目には応募先がなかなか見つからなくなります。

ただ一方的に応募している毎日に嫌気がさし、疎外感に苦しむこともあります。

しかし、それでも挫けずに、応募の数を減らさないことが大切です。

▶活動スケジュールとモチベーション

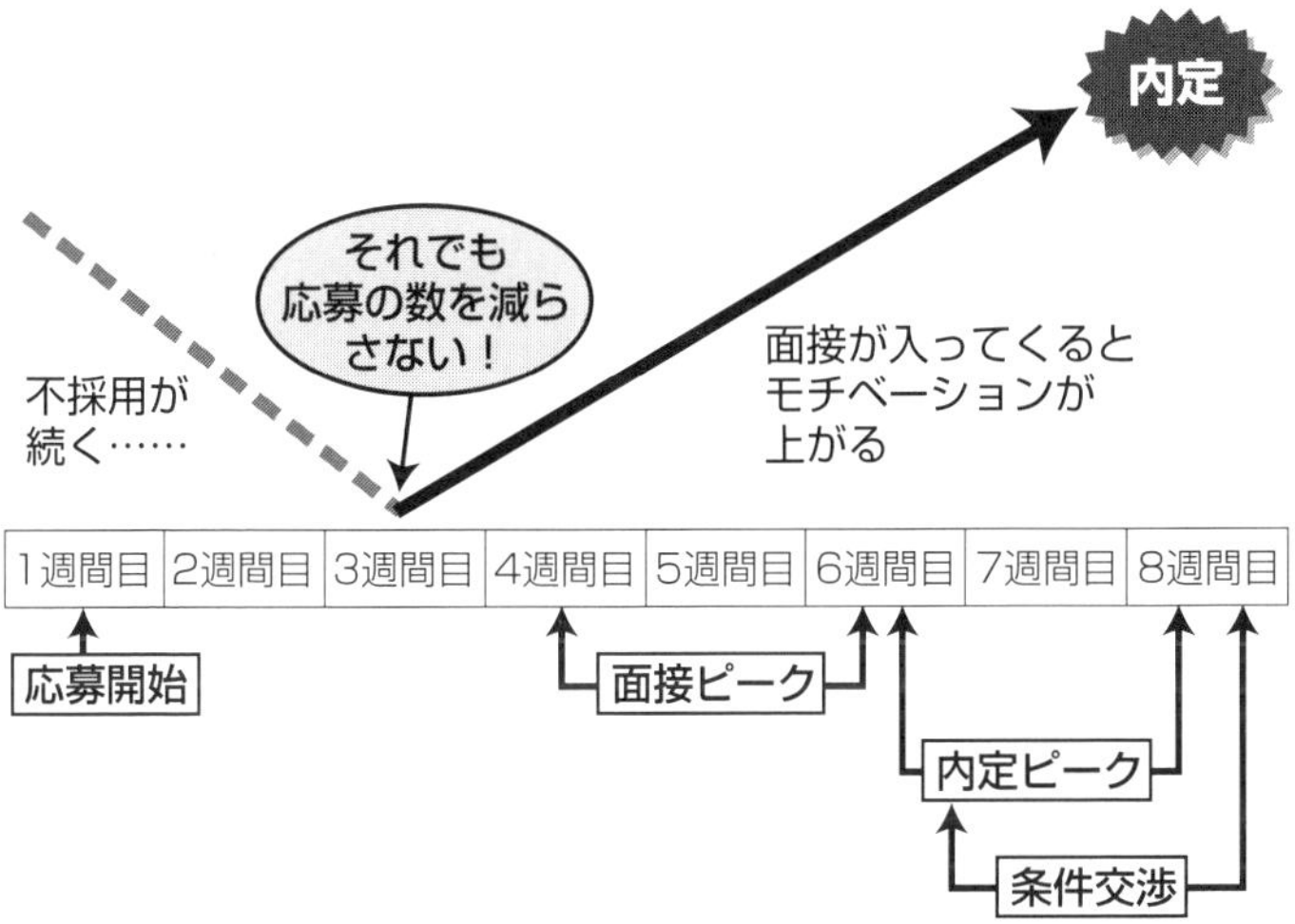

すると、4週目で面接が入ってきます。我慢のかいがあったというものです。

一つでも面接が入ってくれれば、モチベーションは上がります。面接の準備をしながら、応募にも身が入るようになります。

5週目にもなれば、複数の企業から面接が入ってきますから、ここでようやく内定の希望について、じっくりと考えられるようになります。

早ければ6週目で内定をもらう人もいます。

7〜8週目には内定が出始めるので、複数の内定先からどれを選ぶかをシミュレーションできるようになります。

ここまで至るのに、苦しいとはいえ、

2か月に満たない期間です。このような経過をあらかじめ知っておけば、モチベーションを保つのも、そうつらくないのではないでしょうか。

途中でくよくよ考え込んでしまうより、集中的・継続的に、つらくても決めた方法を貫いて、内定まで持っていくことが大事です。

◉面接での漠然とした不安感に打ち勝つには?

面接の予定が多く入ってくる時期は、「何かが違っている感覚」がついて回ることになります。

もともと条件破壊応募をしているので、採用側と応募側の歩調がぴったり噛み合っているわけではありません。

企業ごとにその〝ズレ〟の内容や大きさが違うので、表現しにくい違和感が続くでしょう。

この漠然とした不安感には「**割り切り**」で対処するしかありません。

面接の場では、第6章で説明したように「丸呑み内定」を心がけることが大切です。

内定が出るまでは、採用側のどんな要望にも「イエス」を重ねていかなければなりません。それがどんなにズレていようとです。「それこそ私の仕事です」「ぜひともやらせてください」などと、採用側の言うことを丸呑みしていきます。

これはある意味ラクな方法です。あれこれと細かいことで悩まないでいいからです。不安を解消できるとはいえないまでも、面接での先方の要望に対して答えを間違わずに済むというのは、かなり気持ちを軽くするのではないでしょうか。

大事なことなので強調しておきます。**面接の際に条件で折り合わないと、応募者は入社の気持ちが引いてしまうことがありますが、その様子は応募者の表情などで、面接担当者にはっきりと伝わります。**どの条件が合わなくて応募者が引いたのかまで、わかってしまうのです。

そこで少しでも引いてしまうと、決して内定は取れません。

ですから、面接時に提示された条件は何であれ、すべていったん呑んでください。最初から「完全に呑む」と決めてかかることです。そうすると、本当に驚くほどあっさりと内定が出ます。

＊　＊　＊

以上で、私の転職コンサルティングの骨子をなすノウハウのほとんどを紹介しました。

「はじめに」で、「40代・50代こそが、転職のための好機である」と言った意味がおわかりいただけたでしょうか。

年齢を重ねた人には、その経験にふさわしい適職があります。しかし、適職は座って待っていたのでは絶対に見つかりません。**行動こそが、適職発見の唯一の方法です。**

この本を読んだあなたが、希望どおりの職種に、望む条件での転職を果たされることを心から願っています。

佐々木一美（ささき　かずよし）
1963年生まれ。大手建設会社の教育事業部長、教育事業会社の進路指導部長などを経て、2001年に転職コンサルティングを手がける「ベルコリンズ研究所」を設立し、これまでに延べ4000人以上の転職活動を支援してきた。転職・求職相談に訪れる人は40代・50代が約7割を占める。
「条件破壊応募」を軸にした独自の転職支援プログラムを提供。実践セミナーや直接指導を通して、転職希望者・求職者の疑問や不安、今後とるべき行動についてのサポート活動を行なう。完全1対1で指導した1544人のうち、1407人を60日以内に希望年収・希望職種での転職に導き、91.1％という驚異の成功率を誇る（2013年3月末現在）。

中高年の転職
http://www.tyukounen.com

成功《せいこう》する40代《だい》・50代《だい》の転職術《てんしょくじゅつ》
60日以内《にちいない》に採用《さいよう》が決《き》まる実践《じっせん》プログラム

2013年 6 月 1 日　初版発行

著　者　佐々木一美
発行者　吉田啓二

発行所　株式会社日本実業出版社　東京都文京区本郷 3－2－12 〒113-0033
大阪市北区西天満 6－8－1 〒530-0047
編集部 ☎03-3814-5651
営業部 ☎03-3814-5161　振　替　00170－1－25349
http://www.njg.co.jp/

印刷／厚徳社　　製本／若林製本

この本の内容についてのお問合せは、書面かFAX（03－3818－2723）にてお願い致します。
落丁・乱丁本は、送料小社負担にて、お取り替え致します。

ISBN 978-4-534-05076-2 Printed in JAPAN

日本実業出版社の本

採用される履歴書・職務経歴書はこう書く

小島美津子　定価：1365円（税込）

書類選考で落とされる人は、何回書いても同じ間違いをしている！　人事担当者の眼を必ずクリアする履歴書・職務経歴書のポイントを具体的に紹介。かゆいところに手が届くように、その書き方を懇切丁寧に説明する。

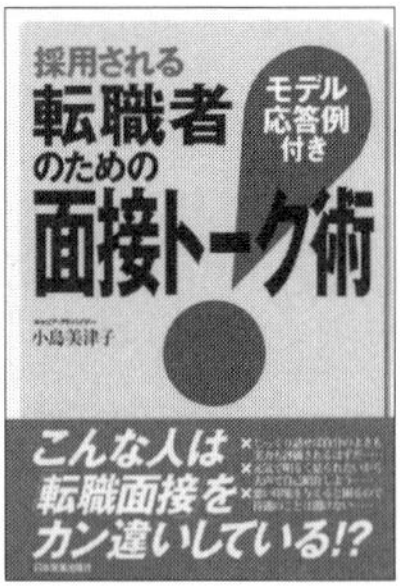

採用される転職者のための面接トーク術

小島美津子　定価：1365円（税込）

15分前後で採否が決定してしまう「転職面接」の実態を明らかにしたうえで、アポのとり方・マナーといった面接を受ける際の基本ノウハウから、よくある面接の質問と回答例までを、実例を挙げながら具体的に伝授。

知らないとソンをする
退職・転職㊙マニュアル

田中耀一　定価：1365円（税込）

複数の会社で人事部に勤務してきた現役人事マンが、匿名で、これまで辞めていく社員にアドバイスできなかった「社員にとって得になる情報」「損をしない辞め方」をすべて公開した退職マニュアル本。

※上記の価格は消費税（5%）を含む金額です。※定価変更の場合はご了承ください。